Mistério Pombagira Mirim

Cris Egidio

Mistério Pombagira Mirim

© 2016, Madras Editora Ltda.

Editor:
Wagner Veneziani Costa

Produção e Capa:
Equipe Técnica Madras

Revisão:
Silvia Massimini
Arlete Genari

Dados Internacionais de Catalogação na Publicação (CIP)
(Câmara Brasileira do Livro, SP, Brasil)

Egidio, Cris
 Mistério Pombagira mirim / Cris Egidio. --
São Paulo : Madras, 2016.

ISBN 978-85-370-0998-7

1. Mistério 2. Pombagira - História 3. Umbanda
(Culto) I. Título.

16-03443   CDD-299.67

Índices para catálogo sistemático:
1. Pombagira : Teologia de Umbanda : Religiões
de origem africana 299.67

Proibida a reprodução total ou parcial desta obra, de qualquer forma ou por qualquer meio eletrônico, mecânico, inclusive por meio de processos xerográficos, incluindo ainda o uso da Internet, sem a permissão expressa da Madras Editora, na pessoa de seu editor (Lei nº 9.610, de 19.2.98).

Todos os direitos desta edição reservados pela

MADRAS EDITORA LTDA.
Rua Paulo Gonçalves, 88 – Santana
02403-020 – São Paulo/SP
Caixa Postal 12299 – CEP 02013-970 – SP
Tel.: (11) 6281-5555/6959-1127 – Fax: (11) 6959-3090
www.madras.com.br

Agradecimentos

A Deus, Divino Criador Olorum, a vós me ajoelho e vos reverencio, pela confiança depositada.

Amada e Divina Mãe Iansã, Senhora de mim, agradeço-vos por cada dia me conduzires pelos caminhos da vossa Lei. Eparrei, Eparrei e Eparrei, minha Mãe.

Agradeço imensamente aos Guias Espirituais que me acompanham, obrigado senhores por não desistirem de mim e serem pacientes em meus momentos de rebeldia.

Aos Senhores Guardiões e Senhoras Guardiãs, agradeço-lhes por toda proteção e força, mas principalmente por me ensinarem a ser uma serva da Lei de nosso Divino Criador Olorum.

Agradeço imensamente ao Colégio de Umbanda Sagrada Pai Benedito de Aruanda, ao Pai Rubens Saraceni (*in memorian*) e família, pelos 20 anos de oportunidade de crescimento, pelo apoio e amparo espiritual e por todo o respeito.

Ao Ogã Severino Sena, por seu trabalho e dedicação por nossa Umbanda Sagrada.

Agradeço à minha família, em especial à minha irmã carnal Dayani Lemes, por sempre apoiar e respeitar minhas decisões.

Ao irmão e Sacerdote Marcos Cesar Mozol, por todo apoio, pela confiança e cumplicidade, juntos caminharemos sempre em honra e glória ao nosso Divino Pai Ogum.

À minha irmã e amiga de caminhada, Fernanda Manzano Tognoli, gratidão pela amizade leal, amor e cumplicidade que durante esses anos você tem dedicado para me auxiliar sempre. Que Deus e nossas Mães Orixás a abençoem muito por tudo, tornando-a cada dia mais linda e capaz.

À irmã Mãe Thelma de Oxum, que Pai Oxalá continue iluminando sua "coroa" de Amor. Obrigada por sempre ter me amparado com suas forças espirituais quando precisei.

À filha Danielle Cavalcante, um presente lindo e travesso na minha vida, como é gratificante ver seu crescimento. Que nossa Mãe a conduza para ser a cada dia uma digna filha de Iansã.

Agradeço aos irmãos em Oxalá, Gildo Meneguete, Patrícia Roveri, Simone Passoni e família, Leila, Priscila e ao sr. Ramiro, pela irmandade e auxílio em diversos momentos de minha caminhada.

A vós, meu Divino Pai Ogum Megê das Sete Espadas, Senhor absoluto de minha vida e de meu destino, nossa bênção. Pai, que vossa Lei se faça e se cumpra...

Índice

Dedicatória 9
Introdução 11
Palavras da Autora 15
Pombagira Mirim 23
Orixá Pombagira Mirim – A Senhora
dos Interesses Divinos 27
Orixás – Os Tronos de Deus 31
Trono dos Interesses – Regido
pelo Orixá Pombagira Mirim. 33
A Reatividade do Mistério Pombagira
Mirim na Criação 47
O Precipício de Pombagira Mirim 53
Religiosos Interesseiros 57
O Fator Precipitador
do Mistério Pombagira Mirim 61
Fator Recuador 67

Pombagiras Meninas – Manifestação
na Umbanda Sagrada 71
As Linhagens na Umbanda Sagrada
de Pombagira Menina 77
Ativação dos Poderes Magísticos de Pombagira Menina
na Natureza – Oferendas 81
Procedimentos Básicos para Oferendar, Reverenciar
e Ativar Pombagira Menina na Natureza 85
Oferendas para Pombagiras Meninas 87
Conclusão 117
Tabela Parcial dos Fatores, Verbos e Funções do Mistério
Pombagira Mirim 119

Dedicatória

Ao Pai Rubens Saraceni (*in memoriam*):
Palavras seriam poucas para expressar todo o agradecimento que tenho pela acolhida, pelo amparo, pelos ensinamentos, pela dedicação, pela oportunidade dada, pelo amor paternal com que tratou de mim, assim como de todos os seus filhos espirituais. Uso então de suas palavras para demonstrar minha gratidão:
"Eu caminho o caminho que me traçou o Senhor dos meus caminhos. Se eu caminho pelo Seu Caminho, então estou no meu caminho.
"O meu caminho é o caminho dos que caminham em busca do Caminho sem se desviarem por outros caminhos.
"No meu caminho, eu tenho a trilha que me conduz ao Senhor do meu caminho.
"Todos os caminhos conduzem ao Senhor dos Caminhos, mas eu tenho o meu caminho e não busco outro caminho para chegar ao Senhor do meu caminho...

"O Senhor dos Caminhos é o próprio Caminho por onde eu caminho...

"Eu não busco o Senhor do meu caminho no seu final, pois ele se acha no lado direito do meu caminho...

"O meu caminho não é o melhor dos caminhos, mas é o meu caminho. Se eu fizer uma boa caminhada, estarei fazendo um bom caminho por onde outros, ainda sem um caminho, poderão iniciar suas caminhadas rumo ao Senhor dos Caminhos...

"Pois este é o meu caminho e, nele, de tudo há um pouco. Mas no meu caminho não há lugar para outro que não seja a trilha única que me conduz ao Senhor dos meus caminhos.

"Que cada um caminhe o seu caminho consciente de que todos os que caminham os muitos caminhos do Senhor de todos os caminhos por Ele foram abençoados ao iniciarem suas caminhadas...

"No meu caminho, eu caminho com o Senhor dos Caminhos que sempre guia aqueles que com Ele querem caminhar, pois assim diz o Senhor dos Caminhos: 'Se tu caminhas os Meus caminhos, contigo Eu sempre caminharei nos vossos muitos caminhos, que são todos caminhos Meus'.

Amém."

(Fonte: *A Longa Capa Negra*, Rubens Saraceni, Madras Editora)

Introdução

Saudações...

A revelação do Mistério Pombagira Mirim ocorreu em uma inspiração mediúnica, onde claramente foi informado seu Trono Regente, o domínio, os fatores e as funções de seu Mistério na Criação.

E seguindo a regra que "do nada, nada se cria", este livro sobre a Orixá Pombagira Mirim foi possível graças ao grande trabalho iniciado pelo Espírito Mensageiro Pai Benedito de Aruanda, que através de seu médium psicográfico revelou toda uma gama de fundamentos da Umbanda Sagrada, o escritor e sacerdote Rubens Saraceni, que com humildade e dignidade nos presenteou com obras literárias umbandistas esclarecedoras, revelações fundamentais para a Umbanda, seus Orixás e as linhas de trabalho que se manifestam nela.

Logo, a forma e os termos utilizados para apresentação do Mistério Pombagira Mirim seguem o conceito teológico passado por esse mensageiro e, mesmo reconhecendo meus limites evolutivos e intelectuais, busquei ser fiel.

Como eu, milhares de irmãos umbandistas e espiritualistas tivemos a honra de "segui-lo" e trazer para nossas vidas, nossos templos, para nossa religiosidade e espiritualidade conceitos renovadores e revelações inquestionáveis que acrescentaram e acrescentarão infinitamente em nossa caminhada rumo ao Criador Olorum.

Desmistificar um Mistério à esquerda da Criação e fundamentá-lo na Umbanda como foi feito perfeitamente através de sua psicografia na publicação dos livros *Orixá Exu*, *Orixá Pombagira* e *Orixá Exu Mirim* (trilogia publicada pela Madras Editora) é extremamente desafiador. Mas em todo o momento tive ordens e orientação superiores para isso, e diziam: é preciso divulgar, conhecer, codificar e popularizar entre os umbandistas o Mistério Pombagira Mirim para que possam se servir de forma luminosa de mais esse Mistério do Criador Olorum.

E assim, como foram devidamente esclarecidos e fundamentados, Exu e Pombagira são Mistérios afins-complementares e formam um par natural que, juntos, se polarizam atuando em vários sentidos, aspectos e campos na Criação e na vida dos seres.

Exu Mirim e Pombagira Mirim seguem exatamente a mesma função, mas são seres encantados de uma dimensão da vida localizada à esquerda da dimensão humana e possuem o mesmo grau de importância na regência divina e no fundamento espiritual da Umbanda, atuando também como sustentadores à esquerda, e são o polo negativo (cósmico) da linha das Crianças – Erês.

Buscamos ser o mais simples e objetivos o quanto foi possível, para que todos consigam compreender e ativar o

Mistério Pombagira Mirim em vossas vidas, vossos templos, vossos caminhos, e tendo assim mais esse poderoso recurso divino, religioso e magístico à disposição dos filhos da Umbanda.

Como a Orixá Pombagira Mirim é o par feminino do Orixá Exu Mirim (Mistério revelado), ele não poderia ficar de fora (passiva), até porque o que seria das intenções de Exu Mirim sem o interessante e complementar Mistério dela?

Palavras da Autora

Eu e ELA

Nasci e cresci na cidade paulista de Jacareí, em uma família que sempre seguiu todos os ditames da religião católica. Em minha infância, minha família se reunia para festejar os feriados e festividades católicas, rezar, fazer novenas, ir à missa nas paróquias próximas à nossa casa. A religiosidade era latente principalmente na parte materna da família pelo fato de minha mãe ter nascido e se criado na cidade de Aparecida do Norte, interior de São Paulo, onde está localizada a basílica de Nossa Senhora Aparecida.

Cresci sendo educada dentro dos ensinamentos do Catolicismo, porém, na época em que eu completara 11 anos de idade, meu irmão caçula, que era uma criança extremamente saudável de apenas 5 anos, começou a apresentar alguns distúrbios de comportamento e a sofrer crises convulsivas fortíssimas, seguidas de febres altas e incontroláveis que o faziam gritar desesperado de medo e ficar muito agitado e apavorado por visões de delírios, porque ele dizia que nossa casa estava incendiada, e fogo para todos os lados que ele olhasse, e nada fazia isso cessar. Minha mãe, desnorteada desde a primeira crise que ele teve, levou-o a vários médicos para examiná-lo, e o diagnóstico final foi que o quadro apresentado era transtorno emocional.

Exausta e desesperada, minha mãe decidiu ir contra o diagnóstico apresentado e buscar alternativas para curá--lo e, mesmo sendo extremamente devota ao Catolicismo, através de recomendação de uma conhecida, encontrou ajuda em um terreiro de Umbanda, sendo que, posteriormente e coincidentemente (embora não existam coincidências), nos mudamos para a casa do outro lado da rua. E assim foi meu primeiro contato com a religião de Umbanda, a qual sigo até hoje.

Porém, mesmo antes desse primeiro contato com a Umbanda, me recordo perfeitamente de ter uma "amiguinha", que poderia ser considerada imaginária durante todo o período de minha infância; era uma menininha linda, sempre sorridente, vestida apenas com uma peça íntima, que se escondia debaixo de minha cama sempre que meus pais entravam no quarto, mesmo que ninguém pudesse vê-la além de mim.

Nós éramos companheiras diárias nas brincadeiras, fazíamos tudo juntas e minha inocência infantil não me levava a questionar o que era aquela relação. Lembro que ela escolhia as roupas que eu devia vestir minhas bonecas e ficava muito feliz quando, ainda brincando, eu usava coisas da minha mãe, tais como maquiagem, sapato alto e em especial uma blusa que parecia vestimenta de cigana. Feliz e contente, ela ficava saltitante, batendo suas mãozinhas, e ia comigo dançar na sala.

Era uma alegria indescritível eu poder ter uma amiguinha imaginária que me protegia de meus pais, quando tomava broncas, e me acompanhava em minhas traquinagens de criança.

Em meus sonhos, lá estava ela, corríamos em lugares que ela própria me conduzia para brincarmos, eu nem tinha ideia de que lugar era aquele. Hoje eu sei que se tratava, na verdade, do ponto de forças dela.

Minhas recordações são vastas sobre nós e nossas brincadeiras nesses lugares. Havia sonhos em que ela me levava para correr dentro de um cemitério e nós pulávamos de túmulo em túmulo, tentando alcançar uma à outra. Brincávamos de esconde-esconde nas covas com total normalidade; nos escondíamos atrás dos jazigos e quando as pessoas que estavam no cemitério passavam por nós, aparecíamos de repente e dávamos um "BUM" e elas saíam correndo assustadas. Essas traquinagens nos faziam rir muito e aumentava ainda mais nossa ligação. De alguma forma, ainda que criança, não sentia medo algum e achava tudo divertido.

Eu ria muito por conta dessas brincadeiras que ocorriam durante os sonhos enquanto eu dormia; muitas vezes, gargalhava dormindo e acordava minha irmã carnal que dividia o quarto comigo e dormia na cama ao meu lado.

Em meus sonhos, sempre via alguns senhores vestindo roupas pretas, alguns usando chapéus ou cartolas, outros com capas e outros não. Nós duas nos aproximávamos deles sorrateiramente, esperávamos um momento de distração para pegarmos algo deles. Sobre essa situação, lembro-me particularmente de um que se distraiu e nós pegamos sua cartola e capa e nos vestimos com suas coisas, enquanto ele, sem reagir, apenas nos olhava com cara de que estava achando tudo aquilo muito engraçado.

Ainda não entendia qual era a importância desses sonhos, não imaginava que eles eram desdobramentos e não percebia a influência que eles exerciam sobre minha vida, a ponto de lembrar-me deles até hoje.

Após ter ocorrido a cura de meu irmão, graças às forças espirituais dos guias das pessoas daquele centro de Umbanda, meus pais se recusaram a frequentar as giras, e eu queria saber mais sobre aquilo tudo, sentia que tinha descoberto meu caminho mesmo contra a vontade deles, queria prosseguir.

Então, aos 11 anos iniciei minha caminhada na Umbanda. Fui me interessando e conhecendo todo aquele novo mundo onde tudo era novidade para mim, encantando-me a cada dia com os guias espirituais, sentindo-me amparada com todo carinho de cada um deles, envolvendo-me, identificando-me e criando afinidade cada dia mais com aquele universo. Posso dizer seguramente que "fui para a Umbanda através da "dor" e do sofrimento de meu irmão, mas amei, encontrei-me, permaneci e sigo nela até hoje por amor.

Sigo-a sim! Mas acredito que, da mesma forma que ocorre ou já ocorreu com muitos médiuns, não foi fácil e muito menos simples; enfrentei muitos obstáculos e conflitos com as pessoas que viviam ao meu redor para chegar até aqui, e hoje sei que esse processo faz parte do crescimento espiritual de cada um. Foram muitos anos de desarmonia e conflitos familiares, brigas e rompimentos.

Durante 14 anos auxiliei nas giras daquele centro de Umbanda como médium cambone dos guias espirituais e na busca por novos conhecimentos para sanar a sede do saber. Durante cinco anos desempenhei como "ekedi" em um ilê de Candomblé (cargo feminino de "zeladora" dos Orixás, cargo este escolhido pelo Orixá do Terreiro de Candomblé).

Em torno de 1995, após ter lido o livro *Guardião da Meia-Noite*, busquei contato com o autor Rubens Saraceni, que me recebeu em seu comércio, na época "um açougue", e constatou a urgência em iniciar meu desenvolvimento mediúnico, encaminhando-me aos cuidados da Mãe Conceição e posteriormente ao Pai Nilson, onde dei meus primeiros passos como médium incorporante. Vim morar em São Paulo, onde permaneci por aproximadamente 12 meses, depois retornei para minha cidade.

Nessa época, eu me encontrava em um momento de profundo conflito emocional, cheia de dúvidas sobre decisões que deveria tomar em minha vida afetiva, e, para minha surpresa, a "amiguinha" imaginária de minha infância surgiu novamente em minha vida.

E pude ter certeza de que minha amiga imaginária se tratava na realidade de um guia espiritual e, ainda que sendo apresentada como uma criança, não era um Erê. A energia inquieta e astúcia, principalmente no quesito voltado aos relacionamentos, eram latentes, a tal ponto que pude perceber que a criança poderia se tratar de uma Pombagira, o que me intrigava, afinal era uma criança.

Dessa vez, um pouco mais "mocinha", caprichosamente vestidinha, colocando as mãozinhas no rosto e me interrogando: "Menina, por que está triste assim?".

E eu, intrigada com o questionamento dela, perguntei: "Como assim, você não sabe?" E ela, com seu jeitinho meigo, respondeu: "Sei, mas não entendo!", e continuou perguntando, indignada: "Por que o amor para vocês traz sofrimento? O amor não é isso! Por que aqui é assim?... Por quê? Por quê? Naquele momento, se eu já não estava bem, posso dizer que aquele questionamento contrariado dela fez com que eu me sentisse acabada, sem chão.

Foi muito difícil para entender o verdadeiro significado das perguntas dela naquele momento, era como se ela desconhecesse completamente o sofrimento causado por meus sentimentos, mas, na verdade, era eu que não conhecia o real significado do que é o Amor em sua essência, e ela, em toda a sua pureza de Ser Encantado, sabia que na essência do Amor não há, nem cabe, sofrimento algum.

No ano de 2002, voltei para São Paulo e fui conhecer o recém-fundado Colégio de Umbanda Sagrada Pai Benedito de Aruanda, no bairro do Belém/SP, dirigido pelo sacerdote Pai Rubens Saraceni, que me recebeu e convidou-me a participar do corpo mediúnico da casa. De imediato recebi autorização dos Guias Espirituais que me acompanham. Permaneci naquela casa até meados de 2015.

Dessa forma, em um belo dia de trabalho mediúnico no caminho de todo médium umbandista, durante uma gira de esquerda, sem que eu recebesse qualquer aviso prévio ou sinal de sua presença, ela se manifestou com toda a sua alegria, pulando, rodopiando, com aquelas mãozinhas agitadas no ar, toda serelepe, e foi logo se apresentando para o Pai Espiritual da casa, dizendo: "Boa noite, senhor, sou Pombagira Menina, me dá sua licença para trabalhar aqui nesta casa?".

E nessa hora eu tive a prova de que minha amiguinha imaginária de infância estava ali e sempre esteve comigo, e não era imaginária! Era, sim, um espírito que permitia que eu o visse e vinha buscar meu espírito desdobrado enquanto eu dormia, para cuidar, tratar, ensinar, brincar, etc. Percebo que crescemos juntas, cada uma no seu tempo. Hoje ela é uma mocinha madura aparentando ter uns 7 anos, enquanto eu, uma mulher imatura com meus 40! (risos).

E mesmo que no meio umbandista se saiba tão pouco sobre os campos de atuação de Pombagira Mirim, falar dela e de seu trabalho espiritual acaba sendo muito familiar para mim, mesmo que só agora, através do que a espiritualidade está informando e mostrando para que a linha das Pombagiras Mirins seja reconhecida e divulgada e se torne mais uma força e recurso para os umbandistas, elas estão e sempre estiveram aqui "presentes" aguardando a oportunidade e a hora certa para todos nós ativarmos seu Mistério, e estarmos conscientes de sua importância nos nossos caminhos evolutivos e na Criação.

Sinto-me feliz e honrada, e sei que ela também está feliz, por podermos juntas compartilhar a satisfação de ser, ter, conhecer, codificar e ativar o Mistério Pombagira Mirim!

Eu vos reverencio, Mistério Pombagira Mirim!

Laroye, Pombagiras Meninas!

Salve, "minha" pequenininha Rosinha das Almas!

Pombagira Mirim

No livro *Lendas da Criação – A Saga dos Orixás* (Madras Editora – Rubens Saraceni), foi descrita em forma de lendas a geração das Divindades, suas matrizes geradoras e suas exteriorizações, revelando e esclarecendo seus Mistérios, seus fatores, seus domínios, suas funções e importância, como sustentadores e manifestadores naturais dos poderes de Deus para toda a sua Criação.

As lendas descritivas das Divindades são apenas formas de "humanizar" os Orixás, porém não tive esse recurso da espiritualidade que pudesse relatar o Mistério Pombagira Mirim. Logo, tive de me utilizar das informações a partir dos Mistérios já revelados (Orixá Exu, Orixá Pombagira e Orixá Exu Mirim) e descrever devidamente as funções divinas do Mistério Pombagira Mirim na Criação.

Vamos iniciar a integração do Mistério Pombagira Mirim, averiguando que:

Nos domínios da Criação:
* Exu é o regente do Vazio
* Pombagira é a regente do Abismo
* Exu Mirim é o regente do "nada"
* E Pombagira Mirim?

Nos fatores principais:
* Exu gera o fator vitalizador e desvitalizador
* Pombagira gera o fator estimulador e desestimulador
* Exu Mirim gera o fator complicador e descomplicador
* E Pombagira Mirim?

"Muitos são os estados da Criação, e cada um é regido por um Orixá e é guardado e mantido por todos os outros, pois se um desaparecer (recolher-se em Deus), tal como em uma escada, ficará faltando um degrau; e tal como uma escada de valores, estará faltando um grau que separe o seu anterior do seu posterior."

(Trecho do Livro Orixá Exu Mirim *– p. 18 – Madras Editora – Rubens Saraceni)*

Exu Mirim e Pombagira Mirim são Mistérios complementares e formam um par natural, que se polariza em vários campos, sentidos e aspectos na Criação.

Os pares complementares, os pares vibratórios, os pares energéticos, os pares naturais, etc. foram gerados por Deus, pelo nosso Divino Criador Olorum, que tudo gerou em suas divindades para sustentar com equilíbrio todos os seres por "Ele" criados.

Logo, por uma determinação da Justiça Divina que gera o fator equilibrador para tudo e todos na Criação, o Mistério Feminino Pombagira Mirim revela-se para que seja fundamentado na Umbanda Sagrada e tenhamos nesse Mistério de nosso Divino Criador Olorum mais um caminho luminoso, mais um amparo para nos auxiliar em nossa jornada evolucionista, crescendo com a sabedoria dessas "pequenas" Grandes Encantadas....

Orixá Pombagira Mirim – A Senhora dos Interesses Divinos

Pombagira Mirim é, como todos os outros Orixás, uma exteriorização de nosso Amado Pai Olorum, e, assim sendo, é uma manifestadora de suas virtudes Divinas.

O Orixá Pombagira Mirim gera e irradia o fator interessador, cuja função é dar sustentação a todos os "interesses" gerados na Criação.

Na Criação, cada domínio, plano e estado possui uma divindade responsável para seu equilíbrio e harmonia, divindades que denominamos Orixás, que são sustentadores dos estados da Criação.

No plano das intenções, regidos pelo orixá Exu Mirim, nada existe de forma concreta, apenas se mantendo no plano das "intenções" (Livro *Orixá Mirim* – Rubens Saraceni – Madras Editora).

Já no estado dos Interesses, regidos pelo Orixá Pombagira Mirim, eles saíram do abstrato plano das Intenções e tornaram-se estado e ações concretas.

No Mistério Pombagira Mirim, refletem-se todos os interesses, desde os "negativos" até os "positivos"; se positivo, os favorecem; se negativos, os desfavorecem, e em sua tela vibratória mental refletem todos os interesses gerados na Criação.

O Orixá Pombagira Mirim gera em si muitos fatores, todos eles essenciais para o equilíbrio da vida, dos meios e dos seres.

O principal para nós é seu fator interessador, que enquanto mental divino capta todos os interesses e, através de sua onisciência, sabe se são sustentadores da vida, da paz e da harmonia ou se são contrárias e atentadoras a essas condições básicas para que tudo e todos evoluam na Criação.

Pombagira Mirim, enquanto Mistério divino, é ativado para nos instigar (fator instigador) ou nos precipitar (fator precipitador) a partir de nossos interesses. Fatores esses que comentaremos mais adiante.

TRONO DOS INTERESSES DO ORIXÁ POMBAGIRA MIRIM

Para fundamentarmos o Orixá Pombagira Mirim na Umbanda, é preciso identificar e descobrir algumas de suas funções na Criação, pois a partir disso o entendimento sobre o Mistério se torna compreensível a todos.

Ao fundamentá-la em Deus, entre os Orixás, na Criação, na natureza e em nós mesmos, elevando-a a condição de Orixá, iremos, a partir daí, estabelecer como Mistério indissociável dos outros Orixás.

Os Orixás são um Mistério de nosso Divino Criador Olorum, que tem neles Seus manifestadores naturais. E manifestam de Si poderes divinos, que têm funções muito bem definidas na Criação e as executam a partir de suas existências individualizadas no momento que Olorum deu início à concretização do mundo das manifestações.

Seguindo os conhecimentos revelados sobre os Tronos de Deus, vamos integrar o Mistério Pombagira Mirim.

Orixás – Os Tronos de Deus

* Deus é tudo em Si mesmo, já que gerou tudo a partir de Sua Divindade.
* As hierarquias divinas são criações d´Ele e O auxiliam porque são seres que O manifestam o tempo todo.
* Os Tronos de Deus são Orixás, que são senhores da natureza e sustentam a evolução dos seres, das criaturas e das espécies, sempre em correspondência com as manifestações concretas de Deus.

Então temos:
* Trono da Fé – Regido pelo Orixá Oxalá
* Trono do Amor – Regido pelo Orixá Oxum
* Trono do Conhecimento – Regido pelo Orixá Oxóssi
* Trono da Justiça – Regido pelo Orixá Xangô
* Trono da Lei – Regido pelo Orixá Ogum
* Trono da Evolução – Regido pelo Orixá Obaluayê
* Trono da Geração – Regido pelo Orixá Yemanjá

* Trono da Vitalidade – Regido pelo Orixá Exu
* Trono dos Desejos – Regido pelo Orixá Pombagira
* Trono das Intenções – Regido pelo Orixá Exu Mirim

(Trecho do livro O Código de Umbanda *– Rubens Saraceni, Madras Editora)*

* Trono dos Interesses – Regido pelo Orixá Pombagira Mirim

Trono dos Interesses – Regido pelo Orixá Pombagira Mirim

AOS INTERESSES...
Aspectos:
No estado dos interesses, o Divino Criador Olorum manifestou um Orixá cujo nome não foi revelado na teogonia nagô, mas que na Umbanda manifesta-se como Pombagira Mirim ou Menina, e que guarda em si os Mistérios do estado dos Interesses e que tem por função principal favorecer (fator favorecedor) os bons ou positivos interesses e desfavorecer (fator desfavorecedor) todos os "maus" ou negativos interesses, direcionando-os assim que se tornarem uma ação concreta.

O Mistério Pombagira Mirim traz consigo outros fatores que são as funções exercidas por ela na Criação, e seus campos de atuação na vida dos seres. Todo fator é energia viva e divina, que tem por função realizar o trabalho identificado por seu nome. E o fator interessador traz junto a si o fator despertador, que é o fator complementar para a realização de uma das funções do Mistério Pombagira Mirim na Criação:

* Fator Despertador – ação de se manifestar, aquilo que desperta, provoca, acorda.

* Fator Interessador – aguça a atenção para aquilo que é vantajoso, benéfico, relevante...

Nas sete irradiações planetárias dos Sagrados Orixás, que são as sete irradiações divinas e todos análogos aos sete sentidos da vida, o Mistério Pombagira Mirim atua e ativa em nosso íntimo suas irradiações desta forma:

* Trono da Fé (Oxalá) despertando interesse para a Fé;
* Trono do Amor (Oxum) despertando interesse no Amor;
* Trono do Conhecimento (Oxóssi) despertando interesse no Conhecimento;
* Trono da Justiça (Xangô) despertando interesse na Justiça;
* Trono da Lei (Ogum) despertando interesse na Lei;
* Trono da Evolução (Obaluayê) despertando interesse na Evolução;
* Trono da Geração (Yemanjá) despertando interesse na Geração.

Por trás das "inocentes" e "maliciosas" Pombagiras Mirins está um Orixá feminino que não recebeu um nome yorubá, e, por isso, não recebe oferendas, não é louvada, invocada e cultuada religiosamente, e permaneceu desconhecida por nós até agora, só se abrindo arquetipicamente como Pombagira Menina, aspecto feminino do Mistério Exu Mirim ou Mistério análogo à Pombagira e nada mais...

Bem, acreditamos que começamos a desvendar o lado oculto desse poderoso Mistério feminino e começamos a revelá-lo. E Pombagira Mirim vai dar provas e mais provas sobre sua importância, seu poder e suas funções na Criação e na vida dos seres.

FATORES DO MISTÉRIO POMBAGIRA MIRIM

Os fatores gerados por uma Divindade-Mistério indicam algumas de suas funções na Criação e seus campos de atuação na vida dos seres. Vamos comentar algumas dessas funções/fatores gerados pelo Orixá Pombagira Mirim:

FATOR INTERESSADOR

Pombagira Mirim gera e irradia o tempo todo de si o fator interessador, cuja função na Criação é tornar "interessante" cada coisa criada.

O Fator interessador é determinante na Criação em todos os sentidos, pois é a "mola" de todas as nossas ações para a realização satisfatória de uma necessidade em algum momento; a cada instante decide o sentido de nossas reações.

Os seres, portanto, só realizarão alguma ação exterior ou interior quando impulsionado por um "interesse". Dizemos que algo nos interessa quando ela nos importa no momento em que a consideramos ou quando corresponde a uma necessidade física, emocional, intelectual ou espiritual; logo, o interesse exprime uma relação adequada, uma relação de conveniência recíproca entre os seres.

Na verdade, tudo na nossa vida é movido pelo interesse, e o principal é o de sobrevivência: com base nele, tudo se move em volta desse eixo. Esse nosso instinto de "sobreviver" estabelece um "modelo" de como vamos viver no dia a dia e que tipos de interesses cabem nesse molde criado por nós.

Quando estamos equilibrados, alinhados e harmonizados com o Mistério Pombagira Mirim, conduzindo nossa vida, nossas ações e atitudes movidos por "bons" interesses, recebemos do Mistério um fluxo de seus fatores positivos, pois sua ação é oculta e transcende a ideia da religiosidade, já que é um Mistério Divino manifestador de poderes na Criação e todos nós, seres humanos criados por Deus, estamos ligados por fios, cordões, aos seus Mistérios.

Fomos gerados a partir de um propósito Divino (Interesse) e os Mistérios de nosso Divino Criador Olorum estão a cada instante se revelando para que possamos ter uma direção (Fator Indicador também gerado por Elas) e busquemos conscientemente nos aperfeiçoarmos como Teus filhos.

Se para Exu Mirim não existem dois pesos e duas medidas, e o que conta não são os fatos em si, mas sim as intenções por trás deles, para Pombagira Mirim há dois pesos e duas medidas, e o que conta são os fatos em si e os interesses gerados por eles.

Um fato:

Uma pessoa está necessitada de algum auxílio básico e outra, ao saber, busca auxiliá-la, pois a "pessoa necessitada" tem "um algo" que lhe interessa. Então o "interesseiro" se dispõe a ajudá-la, visando tirar proveito dessa situação.

Logo, o auxílio não será por "bondade ou fraternidade", mas sim por ele ter visto que com isso poderá tirar alguma vantagem para si.

FATOR DESINTERESSADOR:

Esse fator tem por função tornar desinteressados todos os seres que se negativam e desequilibram em algum sentido da vida, tornando-os apáticos e despertando um estado de indiferença em seu íntimo, antes que se tornem incontroláveis os seus interesses desvirtuados, prejudicando ainda mais sua evolução, a harmonia e o equilíbrio na Criação.

Em um ser que se negativa no sentido da Fé, por exemplo, agindo com interesses negativos, o Mistério Pombagira Mirim gera e irradia seu fator desinteressador, pois é um recurso contra o "charlatanismo", até porque não há charlatões desinteressados...

O Mistério Pombagira Mirim gera vários fatores (energia), todos indispensáveis para o equilíbrio e a harmonia da Criação. Vamos comentar alguns desses fatores:

FATOR FAVORECEDOR:

É um dos principais fatores gerados por esse Orixá. Como Mistérios que se complementam entre si, assim que o Mistério Exu Mirim desativa seu fator complicador, descomplicando tudo na Criação e na vida dos seres, o Fator Favorecedor gerado e irradiado pelo Mistério Pombagira Mirim ativa favorecendo, possibilitando condições propícias, beneficiando e despertando, nos seres, interesses positivos, para que tudo e todos evoluam, cresçam e se desenvolvam em todos os sentidos da vida.

FATOR DESFAVORECEDOR:

Como seu próprio nome indica, o fator desfavorecedor tem a função de desfavorecer tudo que age em sentido contrário às leis e aos princípios sustentadores do equilíbrio, da paz e da harmonia na Criação.

Ao captar as vibrações íntimas de interesses negativos dos seres, o Mistério Pombagira Mirim é imediatamente ativado, onde irá atuar desfavorecendo o ser em vários sentidos da vida para impedir e inibir novas ações negativas, para que assim não avance mais em um nível de negativação maior.

FATOR CONSENSUALIZADOR:

O Mistério Pombagira Mirim gera e irradia o fator consensualizador, que tem por função na Criação equilibrar a convivência entre os seres, pois cada um busca realizar seus interesses ao longo da vida. E a realização dos interesses de um pode impedir a realização dos interesses do outro, criando assim o "conflito de interesses". Sendo assim, é necessário um consenso.

Os conflitos podem trazer diversos fatores positivos para os seres, quando indicam que algo não está bem e precisa ser tratado ou quando instigam pessoas a resolverem problemas em conjunto e induzem a descobertas de novas possibilidades.

O fator irradiado pelo Mistério Pombagira Mirim visa a despertar nos seres o interesse e o respeito nas conformidades de opiniões, visando a entrarem em consenso nos interesses em comum, onde a paz, a harmonia e o equilíbrio prevalecerão em toda a criação.

FATOR INSTIGADOR:

O fator instigador está ligado ao emocional e tem por função instigar os seres para a realização de seus interesses, ora instigando-os para uma direção, ora instigando-os para outra direção (Fator indicador).

Através de suas vibrações alternadas, os seres recebem fluxos em seus mentais com o objetivo de despertar seus potenciais criativos, aguçando a criatividade, desengatilhando ideias, provocando a busca de novas fontes para transformarem suas vidas, provocando os sentidos dos seres a exercitarem a capacidade de raciocínio, desenvolver suas habilidades, incentivando constantemente a imaginação com estímulos inovadores.

FATOR RELACIONADOR:

O fator relacionador é de suma importância na Criação, porque sua função é de interagir, relacionar, estabelecer relação ou analogia entre as diversidades geradas pelo Criador.

Cada ser gerado pelo Divino Pai Olorum é único, e só se torna parte do Todo quando se relaciona com tudo desse "Todo Maior".

O Mistério Pombagira Mirim gera e irradia vibrações equilibradoras que despertam a necessidade do "outro", despertando o interesse nos seres para uma "troca recíproca" em todos os sentidos da vida.

Esse fator de Pombagira Mirim desperta a consciência nos seres para a necessidade de percebermos que, como "seres gerados por Deus", é necessário desenvolvermos conceitos a respeito de nós mesmos e da Criação, para progredirmos e evoluirmos em nossa humanidade relacional.

O fator relacionador envolve a convivência entre os seres, seja em família, religião, comunidade ou profissional, e cada ser "único" tem a responsabilidade na Criação efetiva para com as ligações que cada um estabelece no decorrer de seu caminho evolutivo, pois cada um de nós é essencial e único e ninguém se aproxima do outro por acaso. Temos o compromisso com o Criador e com o Todo criado.

O fator relacionador é indispensável para o equilíbrio, harmonia e estabilidade de todas as ligações e uniões na Criação.

FATOR EMPATIADOR:

O fator empatiador gerado e irradiado pelo Mistério Pombagira Mirim tem como função na Criação despertar no inconsciente dos seres o interesse pelos interesses dos outros, percebendo a realidade do que é importante, significativo e sentido pelo outro.

As irradiações empatiadoras desenvolvem um amadurecimento consciencial e relacional, pois instiga a vivenciação de experiências com diferentes formas de pensamentos, sentimentos e comportamentos de outros seres, possibilitando assim um crescimento individual gerado a partir da compreensão e sem julgamento das situações de vida do outro sob o ponto de vista dele.

FATOR SIMPATIZADOR:

Ao gerar e irradiar o fator relacionador, o Mistério Pombagira Mirim gera e irradia o fator simpatizador que manifesta nos seres interesses instintivos que atrai uns para os outros, estabelecendo afinidades onde os seres se sentem espontaneamente atraídos entre si.

As irradiações do fator simpatizador desperta no inconsciente dos seres a compreensão de identificar e perceber os sentimentos e emoções de outros seres, criando laços de relacionamentos e convivências amistosas, agradáveis, de gentileza e amabilidade.

O fator simpatizador manifesta-se no ato de contemplarmos com admiração o conjunto de ações e acontecimentos, produzindo em nós sensações de prazer, satisfação e consciência diante das Obras de Nosso Divino Criador Olorum.

FATOR ANTIPATIZADOR:

A ação desse fator deriva do substantivo antipatia e é gerado e irradiado pelo Mistério Pombagira Mirim. Tem como função "preservar" a convivência dos seres não afins na Criação, pois cada um se encontra em seu estágio evolutivo e consciencial. E a convivência desregulada na Criação pode gerar consequências inconvenientes e desfavoráveis à evolução dos seres.

Ao gerar o fator antipatizador, o Mistério ativa no íntimo dos seres uma sensação desagradável de desconforto e de repulsa instintiva existente pela incompatibilidade do outro, evitando assim discordâncias, desarmonia e desavenças na Criação.

FATOR DESESTAGNADOR:

O Mistério Pombagira Mirim gera e irradia o fator desestagnador, ação de desestagnar, e tem a função de ativar tudo que esteja paralisado, empacado, adormecido, estacionado, estabilizado, quieto, demorado, apático, fixo ou sedentário na Criação, cessando assim os estados de "inércia" em todos os sentidos da vida e despertando interesses positivos que instigarão os seres a progredirem e evoluírem.

FATOR INDICADOR:

Ao gerar e irradiar continuamente "interesses" por toda a Criação, o Mistério Pombagira Mirim gera e irradia o fator indicador, que tem a função e o efeito de indicar, entre várias opções de caminhos, aquele que trará maior equilíbrio e satisfação para os seres, instigando-os a seguir na direção de sua evolução em todos os sentidos e auxiliando-os a prosseguirem no caminho destinado a cada um pelo Criador.

FATOR EMPENHADOR:

Ao gerar o fator interessador, o Mistério Pombagira Mirim irradia o fator empenhador, onde os seres se esforçam arduamente para alcançar os objetivos de seus interesses, dedicando-se, comprometendo-se, perseguindo com determinação a realização destes.

Em um ser em equilíbrio, ele será firme, obstinado e justo, pois verá em suas conquistas um bem comum para si e para todos ao seu redor; já em um ser em desequilíbrio, este gerará o Fator Obcecador, que comentaremos.

FATOR JOVIALIZADOR:

A humanidade sempre perseguiu a juventude eterna. E, ao longo dos séculos, não faltou "elixir da juventude" tentando aplacar os efeitos do tempo nos seres. Isso faz parte da natureza humana que busca na beleza e na juventude a "perfeição" externa, ou seja, nos aspectos físicos, considerando assim que terão mais "aceitação" no meio em que vivem. Essa busca compulsiva pela "juventude" é consequência de conflitos internos, sentimentos negativos de se sentir inadequado, buscando de maneira desequilibrada alterar a visão negativa que tem de si mesmo (fator desestimador).

Envelhecer é inerente a todos os seres na Criação, mas o amadurecimento consciencial é parte do processo evolutivo.

Diferente da juventude que se apresenta na "aparência", a jovialidade é um estado de espírito, uma condição emocional jovial que um indivíduo encontra.

O Mistério Pombagira Mirim gera e irradia de si o tempo todo o fator jovializador, cuja função é enviar para a Criação vibrações de "vigor juvenil".

Esse fator proporciona a partir do íntimo dos seres vivacidade, bom humor, alegria de viver (fator alegrador), capacitando-os a conduzirem suas vidas com mais suavidade (fator suavizador) e desapegos (fator desapegador).

O fator jovializador é energia divina renovadora do íntimo dos seres, só ele já justificaria a importância do Mistério Pombagira Mirim na Criação.

A jovialidade gera nos seres a confiança de que nada e ninguém poderá impedi-lo de ser livre e conquistar a plenitude de refletir a imagem e semelhança do Criador.

FATOR OBCECADOR:

O Mistério Pombagira Mirim gera e irradia o fator obcecador, que pertence ao seu grupo de fatores punidores e tem por função esgotar o íntimo dos seres negativados, induzindo-os a pensamentos ou sentimentos que se manifestam de forma persistente, causando-lhe sensações perturbadoras.

Esse fator visa aprisionar o ser que está em desequilíbrio e negativado em algum sentido da vida, em um conflito emocional e consciencial, que o imobiliza e impede suas ações no sentido de persistir em erros repetitivamente, gerando lentamente a perda de noção das coisas e do bom senso, iniciando assim atitudes desatinadoras (fator desatinador).

FATOR ENTUSIASMADOR:

O Mistério Pombagira (já revelado) gera o fator motivador, ou seja, "motivo para ação", algo que vem do exterior, seja um incentivo financeiro, um ganho qualquer, entre outros.

O Mistério Pombagira Mirim gera o fator entusiasmador, e é ativado através de nosso emocional (íntimo) e tem por função proporcionar aos seres exuberância de sentimentos, sensações arrebatadoras, um estado de excitação d'alma, um intenso interesse por algo.

O entusiasmo é o próprio impulso (fator impulsionador) da Criação, gera continuamente novos interesses para os seres evoluírem e buscarem novas oportunidades num ímpeto de autoconfiança, que menospreza (fator menosprezador) qualquer dificuldade e desafio.

O fator entusiasmador ativa também no íntimo dos seres o efeito de se atreverem (fator atrevedor), impulsionando-os nas ações corajosas, ousadas e de audácia, assegurando a todos a confiarem na própria capacidade de transformar positivamente sua realidade e ao seu redor.

Esse fator está presente nas grandes revoluções, nas grandes conquistas de nações, em que líderes políticos, religiosos e intelectuais contagiam (fator contagiador) multidões, e através da comunicação empolgam (fator empolgador) os demais e os arrastam para seus intentos.

Como todo sentimento intenso, o fator entusiasmador é efêmero e passageiro, consome rapidamente suas próprias energias e pode atuar em um ser fragilizado emocionalmente, resultando em uma possível depressão (fator deprimidor), que comentaremos mais a seguir.

REATIVIDADE DOS MISTÉRIOS DA CRIAÇÃO – OS ORIXÁS

Definição:

Estamos ligados por fios invisíveis aos Orixás, que são os poderes reguladores dos meios onde os seres vivem e evoluem; toda ação contrária à paz, à harmonia e ao equilíbrio do meio onde vivemos gera uma reação em sentido contrário que, em um primeiro momento, visa a reequilibrar, rearmonizar e neutralizar o negativismo de quem desencadeou a ação negativa.

Mas se essa reação limitada é insuficiente para que a ação cesse e a pessoa prossegue, agindo em desacordo com as leis preservadoras, ondas contínuas começam a ser enviadas contra ela que, ou cessa sua ação negativa, ou começa a sofrer as consequências da reatividade preservacionista que, antes de começar a afetar o espírito da pessoa em questão, irá desestimulá-la em seu intento destrutivo.

Mas, se a reatividade automática não conseguir fazer com que o agente negativo cesse sua destrutividade, mecanismos reativos da Lei Maior são ativados, e aí entram em ação os poderes responsáveis pela aplicação de leis drásticas, que afetarão de forma sensível o causador do desequilíbrio, chegando a afetar seu espírito e posteriormente seu corpo biológico.

Cada Orixá tem sua reatividade natural, que entra em ação sempre que a paz, a harmonia e o equilíbrio em seu domínio na criação são quebrados ou estão sendo colocados em risco.

A reatividade de um Orixá acontece por meio do cordão mental invisível que o liga a todos os seres, pois é através dele que a pessoa que está agindo negativamente começa a receber as vibrações que a desestimularão justamente em sua ação negativa.

A vibração reativa vai se concentrando no mental e vai imantando-o com fatores com as mais diversas funções, tais como: desestimuladora, redirecionadora, paralisadora, regredidora, revertedora, retornardora, etc.

(Trecho do livro Orixá Exu Mirim, p. 89 e 90 – Madras Editora – Rubens Saraceni)

A Reatividade do Mistério Pombagira Mirim na Criação

Pombagira Mirim é um Mistério-Divindade de nosso Divino Criador Olorum, assentada à esquerda da Criação, e tem, como todo Orixá, suas funções muito bem definidas e gera de si inúmeros fatores, todos eles essenciais para o equilíbrio da vida, dos meios e dos seres.

Seguem alguns fatores esgotadores gerados e irradiados pelo Orixá Pombagira Mirim:

* Fator Deprimidor
* Fator Ansiador
* Fator Aterrorizador
* Fator Compulsivador
* Fator Desestabilizador
* Fator Desestimador
* Fator Frustrador
* Fator Transtornador
* Fator Traumatizador
* Fator Melancoliador

Vamos comentar alguns desses fatores gerados por esse Orixá:

FATOR DEPRIMIDOR:

O fator deprimidor gerado pelo Mistério Pombagira Mirim tem a função de despertar no íntimo dos seres negativados suas próprias "sombras" emocionais geradas a partir de remorsos, de ações negativas, de sentimentos desequilibrados, emoções desvirtuadas engrenadas por falhas cometidas, visando a instigar o ser a se confrontar com o próprio precipício existencial que cada um cria para si.

Esse fator pertence aos fatores punidores do Orixá Pombagira Mirim e são absorvidos por seres em profundo desequilíbrio íntimo, sejam conscienciais ou emocionais; sua ação é preventiva perante a Lei Maior, pois exterioriza o emocional sobrecarregado dos seres para posterior reajuste.

FATOR ANSIADOR:

Tem como função enviar fluxos de vibrações fatorais que inundam o íntimo dos seres negativados com perturbações, angústias e aflições, causando incertezas e expectativas que o imobilizarão até o esgotamento de seu desequilíbrio emocional e consciencial.

Em um ser equilibrado, o fator ansiador instiga ações, o agir.

FATOR ATERRORIZADOR:

É um dos mais temidos fatores gerados pelo Mistério Pombagira Mirim, pois desperta no consciente do ser desequilibrado seus próprios "monstros" gerados a partir de seu negativismo, onde o mesmo foi responsável por "horrores" na vida de seus semelhantes.

Esse fator está presente em seres que sofrem da Síndrome do Pânico em seu estágio acentuado.

FATOR COMPULSIVADOR:

Esse fator ativa o íntimo dos seres negativados, instigando-os a comportamentos repetitivos e sem propósitos de aspectos ritualísticos e caracterizados por impulsos irresistíveis. Tornam-se escravos de seus próprios pensamentos, que são invadidos por representações mentais negativas involuntárias e incontroláveis.

O ser emocionalmente desequilibrado busca, através de gratificações emocionais, compensações imediatas para suas frustrações (fator frustrador) e ansiedades (fator ansiador), que trazem consequências negativas em vários sentidos da vida, pois o tornam dependente de atitudes que se apresentam de forma frequente e excessiva, como por exemplo: comprar, comer, trabalhar, beber, automedicar, jogar, exercícios físicos, limpeza de forma compulsiva, etc. Eles buscam neutralizar nessas ações desregradas suas angústias e insatisfações geradas a partir de seu íntimo desequilibrado.

FATOR DESESTABILIZADOR:

Esse fator tem a função de desestabilizar na Criação tudo e todos que se desequilibraram e se desvirtuaram em determinado sentido ou objetivo, desviando assim das funções virtuosas que afetam a evolução dos seres e do meio em que vivem.

Ao gerar e irradiar o fator desestabilizador, o Mistério Pombagira Mirim age sobre o emocional negativado dos seres, tornando-os vulneráveis a fatores externos e revelando alterações de comportamento.

FATOR DESESTIMADOR:

Esse fator tem a função de gerar nos seres desequilibrados uma carga de conflitos emocionais que foram desencadeados a partir de sentimentos e pensamentos negativos excessivos, por decepções, sentimentos de culpa, medos e complexos de inferioridade, onde passam a ter uma visão negativa de si mesmos, tornando-os incapazes de lidar com os desafios e obstáculos da vida, deixando-se conduzir pela vontade de outros seres, pois a falta de amor-próprio e a confiança em si foram minadas.

Sua ação cessa assim que o ser reconhece suas próprias responsabilidades sobre a vida e sua evolução, deixando de atribuir suas "mazelas" e escolhas inadequadas a outros seres e ao Criador.

Esses fatores esgotadores só se ligam ao emocional dos seres em profundo desequilíbrio consciencial e que estejam vibrando continuamente sentimentos negativos, e visam a exteriorizar o negativismo para que se conscientizem do próprio íntimo negativado.

Essa reatividade do Mistério Pombagira Mirim é positiva, pois procura anular sentimentos desequilibrados nos seres, que após o esgotamento de seu emocional serão despertados (fator despertador) e instigados (fator instigador) para novos interesses na vida que os reconduzirão ao caminho reto de suas evoluções.

As reatividades dos Mistérios de Deus (Orixás) têm função benéfica na Criação, mesmo quando estão atuando negativamente com suas hierarquias espirituais da Lei Maior ativadas "contra", pois para os Mistérios é muito melhor os seres na "carne" serem esgotados de seus negativismos mediante um processo depurador a que se fazem jus, do que esperar a queda em espírito, pois em muitos seres o negativismo íntimo é tão intenso que cabe somente ao Mistério Pombagira Mirim irradiar e gerar de si seu fator precipitador, que tem origem em seu **domínio na criação: O PRECIPÍCIO.**

O Precipício
de Pombagira Mirim

Na Bíblia Sagrada, no livro do Apocalipse, encontramos diversas citações referindo-se ao precipício, local onde Deus lança e aprisiona os "demônios" (visão cristã), sendo descrito como um poço de grande fornalha.

Diferentemente dos abismos de Pombagira, que não têm fundo, os Precipícios de Pombagira Mirim são depressões bruscas do solo (no espiritual), mas em que há um "fundo" e têm como função recolher dentro dele todos os seres que vibram e agem com interesses nocivos à Criação, onde, ao despencarem (fator despencador), são totalmente esvaziados e esgotados de seus negativismos.

Do termo precipício advém a ideia de profundezas, despenhadeiros, penhascos, de formações rochosas sombrias e frias, com seu solo viscoso e malcheiroso.

Seres desprovidos de senso moral (fator desmoralizador), que se utilizam de interesses, visando somente ao próprio benefício, dissimulando (fator dissimulador) artimanhas para conseguirem o que querem, sem preocupação (fator despreocupador), mesmo que venham a prejudicar outros seres, fazendo deles vítimas de sua ganância (fator ganancioso) e egoísmo, deixando para trás um rastro de destruição, afrontando (fator afrontador) as leis de Deus, terão como "moradia" após o desencarne o fundo do precipício para aprender a respeitar e não desdenhar (fator desdenhador) das Leis Divinas.

Aprisionados e estagnados no próprio buraco cavado por seus interesses inescrupulosos, mofarão no fundo do precipício até que todos os seus negativismos se deteriorizem.

Quem melhor poderia detalhar sobre o domínio de Pombagira Mirim são os pedófilos, mas talvez seja difícil encontrar um "inteiro" para descrever o Precipício...

Ao agirem negativamente dentro desse estado da Criação e contra a evolução dos seres, os "interesseiros" atraem para si o fator precipitador, que entra em ação assim que o Mistério Pombagira Mirim capta e internaliza as vibrações íntimas e negativas do ser e, com elas internalizadas, reage de acordo com cada tipo de vibração, e automaticamente um precipício se instala sob os pés (no espiritual) do ser negativado, ativando seus fatores punidores que o conduziram a se precipitar no sentido em que se desvirtuou, e consequentemente ele será impulsionado a agir de forma irrefletida (fator irrefletidor), onde tropeçará (fator tropeçador) no próprio emaranhado (fator emaranhador) que criou no meio onde vive e evolui.

Pombagira Mirim abre precipícios sob todos os sentidos da vida, para recolher e punir os seres que se

desequilibraram em sua função na Criação, em algum sentido; vamos a eles:
Precipício no sentido da Fé – Religiosos Interesseiros.
Precipício no sentido do Amor – Relacionamentos de Interesses, "amor", amizades, associações.
Precipício no sentido do Conhecimento – Mestres, professores que se utilizam do que "aprenderam" para subjugar outros seres a agirem de acordo com seus interesses.
Precipício no sentido da Justiça – Juízes, advogados e promotores corruptos.
Precipício no sentido da Lei – Delegados, policiais, políticos corruptos e inescrupulosos.
Precipício no sentido da Evolução – Seres que se dedicam a destruir, impedir, desvirtuar recursos do Criador que visam à evolução e ao aperfeiçoamento da Criação em função dos próprios interesses.
Precipício no sentido da Vida – Médicos, agentes de saúde que só visam ao "lucro", desinteressados em preservar a vida ou o bem-estar de outros seres.
Nos elementos, ela abre precipícios elementais, tais como:
* Precipícios cristalinos: abertos na dimensão elemental cristalina e nos elementos cristalinos.
* Precipícios minerais: abertos na dimensão elemental mineral e nos elementos minerais.
* Precipícios vegetais: abertos na dimensão elemental vegetal e nos elementos vegetais.
* Precipícios eólicos: abertos na dimensão elemental eólica e nos elementos eólicos.

* Precipícios ígneos: abertos na dimensão elemental ígnea e nos elementos ígneos.

* Precipícios telúricos: abertos na dimensão elemental telúrica e nos elementos telúricos.

* Precipícios aquáticos: abertos na dimensão elemental aquática e nos elementos aquáticos.

Religiosos Interesseiros

Ao longo da história das religiões, vemos que infelizmente encontramos esse tipo de "religioso": o interesseiro, que se aproxima dos segmentos divinos para manipulá-los (fator manipulador) em benefício e enriquecimento próprio.

Vale lembrar que, em numa das passagens bíblicas, Jesus reagiu aos "mercadores da fé", «...expulsou a todos do templo, as ovelhas bem como os bois, derramou pelo chão o dinheiro dos cambistas, virou as mesas e disse aos que vendiam as pombas: Tirai daqui estas coisas; não façais da casa de meu Pai uma casa de negócio." (João 2:15-16).

Enfim, oportunistas buscam nas questões religiosas e espirituais uma forma de tirar proveito, vantagens e sobreviverem da fé alheia com suas teologias interesseiras, embriagados (fator embriagador) pela sedução do dinheiro fácil, a fim de abastecerem a si mesmos, enganando com receitas milagrosas e pregações triunfalistas, e enfatizando prosperidade financeira e soluções mágicas em nome de Deus e da espiritualidade.

Mas a fé cega de muitos adeptos sustenta esse mercado, pois não o julgam, aceitando tudo por afinidades e conveniências, não buscam na religião sua verdadeira proposta, que é a religação com o Sagrado, visam somente ao que as "coisas divinas" poderão lhe favorecer, perdendo a grande oportunidade de transformação e o aperfeiçoamento de si mesmos como filhos de Deus, estão na religião aguardando apenas as "bênçãos" chegar.

Religiosos interesseiros não são apenas os que visam ao "lucro", mas também nos pontos de vista ambiciosos de qualquer natureza, como por exemplo objetivos carnais.

Homens que deveriam ser, por palavras e exemplos, uma digna representação do sacerdócio, se conduzem em estreita sintonia com seus sentimentos de vaidade, orgulho, egoísmo e desejos de poder, e acabam transformando o compromisso sacerdotal em caminhos para a satisfação de seus próprios egos, interesses ou para compensarem suas frustrações existenciais, e com isso buscam incansavelmente reconhecimento, elogios, gratidões e aplausos.

Tornam o compromisso espiritual, sua profissão, objeto de exploração, o sagrado sendo exposto banalmente em programas de TV e redes sociais, exibindo uma exteriorização oca, desprovida de propósitos divinos, e assim vivem a manipular a mente de pessoas, na expectativa de conquistarem novos "públicos-alvos" e "palcos" para desfilarem seus atributos artísticos, suas performances e peripécias argumentativas, mediúnicas ou paranormais.

São bajuladores, buscam massagear a fé fragilizada dos adeptos para melhor manipulá-los, sabem exatamente o que "eles" precisam ver e ouvir, conquistando assim a confiança de seus alvos. Mas a Lei Divina é perfeita, sempre chega a hora em que a máscara cai (fator desmascarador), pois esquecem que estão sob as mesmas regras do mesmo "manual" que é aplicado a todos os seres.

Quantos filhos de Orixás não se afastam da Umbanda, devido às condutas inadequadas de alguns "sacerdotes", não é? Pois bem, senhores "representantes", estão adquirindo uma dívida grandiosa, que terá de ser paga.

Aos interesseiros que necessitam de uma transformação de caráter, terão no Mistério Pombagira Mirim o auxílio, onde serão reconduzidos, com o mesmo respeito que tiveram com o Criador e os seres, perante seus compromissos "religiosos".

O Fator Precipitador do Mistério Pombagira Mirim

É um dos principais fatores punidores gerados e irradiados pelo Mistério Pombagira Mirim e tem origem em seu domínio na Criação: o Precipício.

O fator precipitador tem como função "precipitar" todos os seres que se negativam em seu campo de atuação na regência divina: o Trono dos Interesses.

Seres em profundo desequilíbrio consciencial que estejam agindo com interesses nocivos à Criação, prejudicando seus semelhantes, ligam-se mentalmente ao Mistério Pombagira Mirim que, através deste, envia ondas fatorais precipitadoras que despertam no íntimo do ser a necessidade de agir de forma acelerada, instigando-os a uma pressa irrefletida e impulsiva, induzindo-os a erros sobre erros.

São pessoas que não conseguem esperar o tempo certo para resolver situações adversas, estão sempre tirando conclusões precipitadas a respeito de tudo e todos, criando desfechos sem bases reais dos assuntos, não medem as consequências de seus atos, pois estão alvoroçados (fator alvoroçador) em pensamentos e sentimentos negativos, antecipando angústias, sofrimentos e gerando frustrações para si e para o meio em que vivem. São movidos pela ansiedade e procedem de modo impetuoso.

Rotulam (fator rotulador que também é gerado e irradiado pelo Mistério Pombagira Mirim) outros seres, julgando-os como sendo "bons ou maus" com base em suposições e interpretações de atitudes e comportamentos "visíveis", não verificando (fator verificador) na maioria das vezes as razões íntimas e os motivos reais do outro. Tomam como certo, em uma certeza precipitada, acontecimentos ou características que não se sabe realmente se condizem com a realidade ou são infundadas (fator injuriador), gerando desarmonias, desequilíbrios e desavenças na Criação.

Vamos citar outros e comentar alguns sentimentos vibrados e irradiados pelos seres negativados que ativam o Mistério Pombagira Mirim, suas funções e fatores punidores, descritos anteriormente:

FATOR AMALDIÇOADOR:

Efeito de amaldiçoar, lançar maldição a outros seres (verbal ou mental), de desejar infortúnios e calamidades movidos por sentimentos de ódio, aversão, inveja ou vingança, invariavelmente lançados como se fossem sentenças.

Após ser esgotado pelo Mistério Pombagira Mirim, o ser será despertado e instigado a abençoar, louvar e bendizer a todos os seres e ao Criador.

FATOR AVAREZADOR:

Seres que dão valor excessivo aos bens materiais. Mesquinhez e egoísmo devido ao excesso de apego, proveniente da necessidade de juntar de modo desequilibrado bens para si. O dinheiro passa a ser fonte absoluta de poder. Oculta um conflito íntimo gerado a partir de uma busca incessante por tudo o que é externo, visando a preencher seu "vazio interior" por algo que venha de fora.

Após ser esgotado pelo Mistério Pombagira Mirim, o ser será despertado e instigado ao desapego, esbanjamento ou ao desperdício.

FATOR BAJULADOR:

Seres que, para obter vantagens ou privilégios e, assim, atingirem seus objetivos e interesses, agem adulando excessivamente e elogiando gratuitamente os méritos e as qualidades de outros seres.

O bajulador sofre de uma autoestima tão baixa (fator desestimador) que vive de se arrastar e se submeter a vários tipos de humilhação.

Para agir, o bajulador tem de encontrar aquele que aprecia ser bajulado, pois este busca aqueles que alimentam sua vaidade e ego, e em um consenso em que ambos se completam, em uma demonstração de necessidades íntimas superficiais geradas a partir da artimanha de um e da vulnerabilidade do outro, vivem suas vidas de superficialidade na Criação, pois o egocentrismo e a hipocrisia são os sentimentos vibrados em seus íntimos e assim se conduzem com máscaras de mentiras e falsidades.

Após ser esgotado desse sentimento negativo, o ser será despertado e instigado a agir com sinceridade, verdade e honestidade consigo e com a Criação.

FATOR GANANCIADOR:

A ganância insaciável é um dos sentimentos negativos que apressam a autodestruição dos seres, pois há uma avidez por ganho lícitos ou ilícitos, que se caracterizam pela vontade de possuir somente para si tudo o que se admira. É um desejo excessivo direcionado principalmente à riqueza material e ao dinheiro. Contudo, é associado também a outras formas de poder, tal como o poder de persuasão, que é influenciar outros seres de tal maneira que se corrompem e corrompem terceiros a fim de chegarem ao extremo de tirar a vida de seus desafetos.

Após ser esgotado pelo Mistério Pombagira Mirim, o ser será despertado para a caridade, desprendimento ou a trabalhos filantrópicos.

FATOR INVEJADOR:

Seres possuídos por sentimento de desgosto em face ao bem alheio, acompanhado do desejo de que esse bem seja destruído. Egocentrismo que renega as virtudes e somente acentua os defeitos de outros. O invejoso não se contenta com os benefícios, alegrias ou prosperidade de qualquer tipo atribuído a outros, gerado a partir de frustração, incompetência e incapacidade própria. A inveja leva à maledicência e à calúnia.

Após ser esgotado pelo Mistério Pombagira Mirim, o ser será despertado e instigado a buscar sua autossatisfação, autoestima e autorreconhecimento.

FATOR PRECONCEITUADOR:

Seres que agem com intolerância e agressividade diante das diversidades da Criação geradas pelo Divino Criador Olorum.

Incapazes de respeitar uma opinião contraria à sua, são os responsáveis pelas tragédias da humanidade, marcada por comportamentos inflexíveis, arrogantes e implacáveis, seja por razões sociais, religiosas, políticas, raciais, culturais ou sexuais.

Os preconceituosos buscam impor suas opiniões, ideias e escolhas, hostilizando aqueles que não compartilham com seus pontos de vista.

Após ser esgotado pelo Mistério, o ser será despertado e instigado a agir com complacência, fraternidade e a lutar pelos direitos de liberdade e escolhas dos seres.

* Fator Aproveitador
* Fator Chantageador
* Fator Deslumbrador
* Fator Dissimulador
* Fator Manipulador
* Fator Oportunisador
* Fator Ostentador
Entre outros...

> "Na beira de um precipício, só há uma maneira de seguir adiante: dar um passo atrás."
>
> (M. de Montaige)

Fator Recuador

RECUAR ENQUANTO É TEMPO

Deus, nosso Divino Criador Olorum, em Sua Divina Misericórdia e Amor, concede aos seres a verdadeira bênção da reencarnação, quando permite a todos a oportunidade de reparação parcial ou integral de erros, males e equívocos passados, ajustando ou reajustando-os com a Sua Lei Divina para prosseguirem em suas evoluções.

As revelações dos Mistérios de Deus têm a função divina de despertar nos seres a conscientização de Suas Leis e os princípios Divinos que regem tudo e todos na Criação. E o Mistério Pombagira Mirim é um desses Mistérios de Deus, que está sendo revelado e esclarecido quanto à sua importância e funções na Criação, com a finalidade de conscientização; a partir de agora, os seres terão nesse Mistério o auxílio e o amparo necessários para se libertarem dos "precipícios" íntimos gerados a partir de seu próprio negativismo, mediante uma conduta reflexiva, uma reforma íntima e o esforço da auto-observação interior, reconhecendo em si limites, falhas e atitudes negativas em sua própria evolução, pois não basta constatar os efeitos, é preciso verificar e descobrir as causas que impedem os seres de evoluírem em harmonia, e saberem que cada um chegará ao local para onde esteja dirigindo os próprios passos, sendo cada um o único responsável pelo que lhe acontece e por seu destino.

O Mistério Pombagira Mirim gera e irradia o tempo todo de si o fator recuador, que tem a função de despertar nos seres a necessidade de recuar e refletir antes de agir em uma atitude precipitada, diante das variadas situações contraditórias, e em todos os sentidos da vida que se apresentam nos caminhos evolutivos dos seres.

Recuar à beira dos precipícios da vida é reconhecer que se chegou à situação-limite como seres gerados por Deus. Dar um passo atrás para retificar a rota dos caminhos até então escolhidos é recomeçar assumindo corajosamente os altos e baixos de si mesmo, para então recuar e avançar em novos caminhos, sendo necessário, para tanto, uma grande dose de discernimento.

O fator discernidor é também gerado e irradiado pelo Mistério Pombagira Mirim, e tem a função de despertar nos seres a percepção de reconhecerem e distinguirem as verdades aparentes das verdades reais (fator desmascarador) que se apresentam na Criação, onde seres negativados e "disfarçados" buscam envolver outros seres em armadilhas e ilusões, mascarando assim seus reais interesses.

Esse fator instiga os seres a refletir, buscando os prós e os contras, antes de tomarem uma decisão ou agirem diante de uma situação, fazendo com que ajam somente quando tiverem a certeza de que irão beneficiar a si próprios e a todos ao seu redor, e, consequentemente, retornarão aos seus caminhos retos na evolução com harmonia, segurança e maturidade consciencial.

É necessário enfatizarmos que na Criação todos estão ligados a todos, e tudo está ligado a tudo.

Os Mistérios colocados por Deus à nossa disposição são indispensáveis, pois cada Orixá é uma das partes do Criador e traz em si todo um poder realizador, que exerce incontáveis funções como manifestadores e sustentadores, atuando em toda a Criação, sobre os seres e o meio. E a soma de todas as Suas Divindades-Mistérios formam o Todo, que é Deus, nosso Divino Criador Olorum.

E o Orixá Pombagira Mirim é um desses Mistérios, que também possui o poder comparado aos outros Orixás, porém, pertinente ao seu campo de atuação na Criação. Atua sobre os seres e os meios, independentemente de qualquer religião. E é em si um poder neutro, ativando-se natural e automaticamente de acordo com os interesses positivos ou negativos vibrados pelos seres. No entanto, pode ser ativada pela Lei Maior, pois é um agente cármico, esgotadora de emocionais negativos ou despertadora de interesses que aceleram a evolução dos seres.

Comentamos alguns fatores gerados pelo Mistério Pombagira Mirim, que indicam suas funções na Criação, revelando e dignificando-o como sendo mais um dos importantes Mistérios de nosso amado Criador Olorum, demonstrando suas fundamentações divinas na Criação e na vida dos seres, para que inserido, de agora em diante, o Mistério assuma seu devido lugar no panteão umbandista, e todos os que desejarem recorram a esse Orixá da "esquerda", com a mesma fé, devoção e respeito com que oferendam todos os outros Orixás.

Vamos agora aos seres da natureza, as manifestadoras dos Mistérios Pombagira Mirim, as Formosas Pombagiras Meninas...

Pombagiras Meninas
– Manifestação
na Umbanda Sagrada

Após fundamentarmos e esclarecermos o Orixá Pombagira Mirim enquanto Mistério da Criação e sabermos que ela é, assim como os outros Orixás, uma exteriorização de nosso Divino Criador Olorum, e, assim sendo, é manifestadora de Suas Virtudes Divinas, e seu Mistério está sendo revelado e fundamentado para auxiliar os seres no caminho evolutivo que conduzem todos ao Criador.

Ao se manifestarem em suas médiuns, apresentam-se como Pombagiras Meninas, que não são tão populares dentro dos conhecimentos já existentes na Umbanda, como são Exu, Pombagira e Exu Mirim, em razão da falta de informações esclarecedoras para fundamentá-la como um Mistério religioso. Atribuíram-lhe o grau de entidades femininas que desencarnaram na infância ou adolescência, com vivências de ordem sexual negativa ou desregradas nos mais variados vícios, onde foram acolhidas e receberam como seus tutores Exu e Pombagira.

Com a revelação do Mistério Pombagira Mirim, e sua importância para o equilíbrio da Criação e dos seres, desmistificamos uma "humanização" atribuída incorretamente a "ela", por falta de maiores esclarecimentos; logo, as Pombagiras Meninas não são em hipótese alguma espíritos humanos que se apresentam na forma infantil, mas sim um poder encantado divino manifestado.

Dentro do culto afro-brasileiro há a figura do Orixá infantil que se manifesta como "Erê", e a Umbanda que é fundamentada no culto aos Orixás também tem sua manifestação na linha das Crianças à direita e Exu Mirim e Pombagira Menina à esquerda. No que diz respeito a elas, suas manifestações nos templos umbandistas são raríssimas, pela falta de conhecimento, até agora, quanto à sua importância e poder, assim como no Cristianismo, que adotou a figura dos gêmeos Cosme e Damião que foram santificados e integrados ao Catolicismo.

Na Criação, no plano espiritual há dimensões inteiras de seres encantados, formados por bilhões de espíritos infantis, que estão em fase de crescimento do próprio corpo espiritual e amadurecimento de todo conhecimento que trouxeram de sua geração divina. Pombagira Menina, assim como Exu Mirim, são seres encantados dessa dimensão, mas provenientes da sétima dimensão à esquerda da dimensão humana, logo, nunca encarnaram em nosso Plano da Vida. Nessa sétima dimensão à nossa esquerda, eles vivem e evoluem em um meio ou dimensão da vida criada para eles por nosso Divino Criador Olorum.

São seres evoluídos, inteligentíssimos, portadores naturais dos Mistérios dos Orixás, capazes de influenciar nossas vidas positivamente quando estamos no caminho reto na evolução e negativamente quando nos desvirtuamos por causa do mal uso de nosso livre-arbítrio.

Na irradiação do Orixá que denominamos pelo nome sagrado Orixá Pombagira Mirim há nomes simbólicos, que são a chave de acesso para os Mistérios que atuam em toda a Criação sobre os seres, através dos sentidos e sobre os meios, através dos elementos formadores da natureza, gerando toda uma hierarquia divina atuando em campos específicos, manifestados por suas portadoras naturais. Vamos a elas:

Hierarquias regidas pelo Orixá Pombagira Mirim, através dos sentidos da vida:

* Pombagira Mirim da Fé
* Pombagira Mirim do Amor
* Pombagira Mirim do Conhecimento
* Pombagira Mirim da Justiça
* Pombagira Mirim da Lei
* Pombagira Mirim da Evolução
* Pombagira Mirim da Geração
* Pombagira Mirim dos Ciclos e Ritmos

Hierarquias regidas pelo Orixá Pombagira Mirim, através dos elementos da natureza:

* Pombagira Mirim dos Cristais
* Pombagira Mirim dos Minerais
* Pombagira Mirim dos Vegetais

* Pombagira Mirim do Fogo
* Pombagira Mirim do Ar
* Pombagira Mirim da Terra
* Pombagira Mirim da Água
* Pombagira Mirim do Tempo

Na Umbanda, as Pombagiras Meninas encantadas polarizam com as meninas, enquanto os Exus Mirins se polarizam com os meninos, formando assim a Linha das Crianças na Umbanda Sagrada.

Quando essas Pombagiras Meninas ou encantadas evoluem e adquirem a "maioridade", avançam mais um grau evolutivo e são conduzidas aos "reinos naturais", assentados à esquerda dos Sagrados Orixás.

Ao "naturalizarem" essas Pombagiras Meninas, assentam-se à esquerda dos Orixás Regentes dos sete polos ou das sete irradiações divinas, também conhecidas como "As Sete Linhas da Umbanda", e são integradas aos Mistérios dos Orixás, manifestando assim seus poderes, suas qualidades e atuando sob suas irradiações, onde definem seus campos de trabalho.

Com isso esclarecido, então temos:

* Pombagira Menina de Oxalá
* Pombagira Menina de Logunã (Oyá)
* Pombagira Menina de Oxum
* Pombagira Menina de Oxumaré
* Pombagira Menina de Oxóssi
* Pombagira Menina de Obá
* Pombagira Menina de Xangô
* Pombagira Menina de Oroiná (Egunitá)

* Pombagira Menina de Ogum
* Pombagira Menina de Iansã
* Pombagira Menina de Obaluaiê
* Pombagira Menina de Nanã
* Pombagira Menina de Iemanjá
* Pombagira Menina de Omolu

Elas não só atuam na Umbanda ou na vida dos médiuns, como atuam em toda a Criação, através do fator divino manifestado na forma de um Mistério.

São essas Pombagiras Meninas naturais que estão assentadas à esquerda dos médiuns umbandistas e manifestam-se mediunicamente. Em um médium masculino, o Exu Mirim será ativo (incorporante) e a Pombagira Menina será passiva (não incorporante), em uma médium tanto poderá incorporar o Exu Mirim quanto a Pombagira Menina, mas nunca os dois serão ativos.

Com a revelação do Mistério Pombagira Menina e a fundamentação do conhecimento quanto à sua importância para o equilíbrio da Criação e dos seres, sabemos agora que ter uma Pombagira Menina ligada a nós é algo positivo, porque ela tanto regula nosso íntimo quanto instiga nossos sentidos para que não nos tornemos apáticos e desinteressados pelas coisas da vida que acrescentam em nossa evolução.

A Linha espiritual assentada à esquerda da Umbanda Sagrada, onde se manifestam incorporando nos médiuns, é formada por Exu, Pombagira, Exu Mirim e Pombagira Menina, e tem como uma de suas atribuições trabalharem o emocional e o inconsciente, lidando com o negativismo, com os vícios e as dificuldades de seus protegidos, auxiliando-os a vencer seus limites existenciais e seus desequilíbrios conscienciais e emocionais. E ao incorporarem, refletem (exteriorizam) o negativismo dos médiuns, assim também, as Pombagiras Meninas refletem os reais interesses, seja de seus médiuns ou do consulente para posterior reajuste íntimo, pois são agentes da Lei Divina.

A manifestação das Pombagiras Meninas ao incorporarem em suas médiuns em um trabalho espiritual no templo umbandista é de vibrações contagiantes. Elas são irreverentes, encantadoras e amáveis, irradiam alegria e entusiasmo, características típicas de sua essência de ser encantada, mas apresentam também características que as individualizam, dependendo da irradiação do Orixá que a "humanizou" e rege seu campo de trabalho. E, em hipótese alguma, essas encantadas se comportam de forma vulgar ou são mal-educadas. Caso isso ocorra, a causa estará no médium despreparado, anímico e em desequilíbrio emocional, mental ou espiritual.

O comportamento de um "guia" espiritual depende também da doutrina, do conhecimento e do aperfeiçoamento de seu médium, por isso é necessário estudar e conhecer os Mistérios Divinos para se ter discernimento em lidar com as "questões espirituais" e estar consciente das Leis Divinas, que regem tudo e todos e, assim, ser útil a Deus, aos nossos semelhantes e a nós mesmos.

As Linhagens na Umbanda Sagrada de Pombagira Menina

Conhecer os fundamentos por trás das linhas de trabalho dos Guias Espirituais que incorporam nos médiuns umbandistas é muito importante, pois é através dos nomes simbólicos apresentados que identificamos o poder que manifestam, e seus campos de ação e atuação nas irradiações dos Sagrados Orixás que os regem.

Já revelamos anteriormente as hierarquias das Pombagiras Meninas através dos sete sentidos, nos sete elementos da natureza, e nas sete irradiações divinas dos Orixás.

Há linhagens no simbolismo umbandista que se apresentam com nomes utilizados pelas Senhoras Pombagiras, mas sempre no diminutivo. Vamos descrever algumas dessas linhas de trabalho:

* Pombagira Menina das Sete Porteirinhas
* Pombagira Menina dos Sete Cruzeirinhos
* Pombagira Menina das Sete Rosinhas
* Pombagira Menina das Sete Encruzilhadinhas
* Pombagira Menina das Sete Conchinhas
* Pombagira Menina das Sete Cachoeirinhas
* Pombagira Menina dos Sete Laguinhos
* Pombagira Menina das Sete Peninhas
* Pombagira Menina das Sete Pedreirinhas
* Pombagira Menina dos Sete Veuzinhos
* Pombagira Menina Pimentinha
* Pombagira Menina Daminha da Noite
* Pombagira Menina Ventaniazinha
* Pombagira Menina Mulambinha
* Pombagira Menina Padilhinha
* Pombagira Menina Marianinha
* Pombagira Menina das Sete Correntinhas
* Pombagira Menina das Sete Sainhas
* Pombagira Menina Princesinha
* Pombagira Menina Cobrinha
* Pombagira Menina Brasinha
* Pombagira Menina Melzinha
* Pombagira Menina Ondinha
* Pombagira Menina Poeirinha
* Pombagira Menina Cristalzinho
* Pombagira Menina Luaninha
* Pombagira Menina das Sete Folhinhas
* Pombagira Menina das Sete Tranquinhas
* Pombagira Menina Estrelinha
* Pombagira Menina das Sete Pedrinhas

* Pombagira Menina Caveirinha
* Pombagira Menina Aranhinha
* Pombagira Menina Morceguinha
* Pombagira Menina Flechinha
* Pombagira Menina Sete Chavinhas

Citamos apenas algumas das Linhas de Trabalho, mas há muitos outros nomes simbólicos nas linhas de Pombagira Menina que atuam na Umbanda Sagrada.

Ativação dos Poderes Magísticos de Pombagira Menina na Natureza – Oferendas

Uma oferenda é um procedimento religioso realizado no ponto de forças de um Orixá, de valor ritualístico, magístico e energético.

Dentro de uma oferenda ritual, os Orixás e os Guias Espirituais ativam os "princípios mágicos" e manipulam o teor energético dos elementos a eles oferendados, tornando-os realizadores e em poderosas fontes de energia, os quais possuem várias aplicações no plano espiritual, onde utilizam tais elementos para que possam trabalhar em nosso benefício, na função que cada um exerce na Umbanda, e de acordo com nossas necessidades e merecimentos.

Na magia, as Pombagiras Meninas têm atuação tão importante quanto qualquer outro Orixá, porque elas são o próprio elemento mágico, vivo e ativo, podendo ser ativada na natureza, a partir de um espaço mágico correspondente a elas.

Sabemos que cada sacerdote e médium umbandista possui sua forma pessoal de reverenciar e oferendar nossos amados Orixás e Guias Espirituais na natureza, adquiridas através da doutrina e do conhecimento que seguem na Umbanda Sagrada; todavia, seguindo as orientações dos espíritos mensageiros que trazem a revelação e os fundamentos do Mistério Pombagira Mirim, apresentaremos um procedimento básico e simples, aceitável também pelos senhores Guardiões e Orixás Regentes dos pontos de força da natureza, pois visam a facilitar e tornar cada vez mais acessíveis nossas idas até "Eles", sejam umbandistas ou simpatizantes.

Cada linha de Pombagira Menina tem suas particularidades quanto aos elementos; apresentaremos algumas oferendas das Pombagiras Meninas que se manifestaram para tal, a fim de que possamos ativá-las em nosso benefício, visando também ao conhecimento quanto aos elementos utilizados por elas, em que facilitará para os médiuns umbandistas o desenvolvimento das oferendas para suas Pombagiras Meninas pessoais ou para alguma linha específica.

Alguns elementos indicados nas oferendas, tais como: bonecas, brinquedos femininos, bijouterias ou maquiagens, não possuem poder energético no espiritual, mas são sim "simbolismos" representativos do "infantil feminino" ou da "mocinha" que está se descobrindo para "encantar".

NOTA DA AUTORA:

Consciência e responsabilidade com a natureza

A umbanda é uma religião natural, de culto a divindades com pontos de força voltados à natureza. O templo do umbandista é a natureza.

Vamos aos Orixás, em seus pontos na criação do Divino Pai Olorum, nas matas, cachoeiras, águas doces, mares, pedreiras, sustentando e equilibrando suas vibrações nesses portais divinos.

Na prática da Umbanda, as Ofertas Sagradas são um ato de conexão entre seus seguidores, assim como todas as religiões que possuem atos de oferta.

No caso da Umbanda, as Oferendas Sagradas são realizadas nos pontos ou portais de força dos Orixás, com elementos específicos.

O conceito da Oferenda é divino, não podendo estar ligadas a este atitudes que poluam ou degradam a natureza. Temos de criar consciência ambiental e se responsabilizar de forma a oferendar nossos Guias e Nossos Divinos Orixás da forma com que eles realmente gostariam de receber, sem poluir o ambiente sagrado que é a natureza.

Procedimentos Básicos para Oferendar, Reverenciar e Ativar Pombagira Menina na Natureza

1) Ao chegar ao ponto de força na natureza escolhido, diante do local que irá firmar a oferenda, ajoelhe-se e mentalmente diga:

"Eu vos saúdo e reverencio, Senhores Guardiões e Senhores Orixás Regentes deste ponto de força da natureza, e peço-vos licença e proteção para ativar, saudar e oferendar o Mistério Pombagira Mirim. Amém".

2) Bata três vezes com a palma das mãos, cruze o chão por três vezes com a mão direita, saudando todas as forças naturais e espirituais do local. Reverencie e agradeça.

3) A partir daí, todos os elementos utilizados para oferendar Pombagira Menina devem ser manuseados com a mão esquerda.

Oferendas para Pombagiras Meninas

1 – POMBAGIRA MENINA DO AMOR
  Irradiação: Mãe Oxum
  Local: Cachoeira
  Elementos:
1 alquidar
7 velas vermelhas aromatizadas
  7 maçãs vermelhas (ou cerejas, morangos e uvas rosadas)
  Balas coloridas, pirulitos em forma de coração
  Champanhe rosê com mel
  Cigarros aromatizados (canela ou cereja)
  Perfume de fragrância suave
  Pano ou lenço vermelho (poder ser também colorido e alegre, podendo ser decorado com lacinhos de cetim)
  Minirrosas vermelhas ou rosas vermelhas
  Mel e canela em pó

*Pode-se acrescentar: bijouterias, brinquedos femininos e enfeites em geral.

De joelhos: (manipulando todos os elementos com a mão esquerda)

Pano vermelho ou lenço na mão esquerda, eleve e diga: "Eu ofereço a vós, formosa Pombagira Menina do Amor".

Sobre o pano, dentro do alquidar, arrume caprichosamente:

As frutas, balas coloridas, pirulitos, regando tudo com mel e salpicando canela em pó.

Ao redor:

Acender as sete velas em círculos, sete copinhos de champanhe com mel, acender os cigarros, as rosas e os enfeites, circulando tudo com perfume.

Com tudo devidamente pronto, eleve o pensamento e diga:

"Eu vos saúdo e reverencio humildemente, Mistério Pombagira Mirim, e peço-vos que receba esta minha oferenda como prova de minha fé em vosso poder.

Formosa Pombagira Menina do Amor, clamo-vos vosso auxílio e proteção e solicito que, a partir deste momento, vosso Mistério esteja ativado e atuando positivamente em minha evolução. Envolvendo-me com vossas vibrações e irradiações de amor, purificando meu emocional, esgotando fontes de tristezas, mágoas, frustrações e todos os sentimentos e emoções que estejam me desequilibrando.

Pombagira Menina, que em vosso Mistério eu seja digna de ser amparada no sentido de eliminar todo o desamor, a baixa autoestima, as autoagressões mentais e emocionais, minhas autossabotagens, minha desvalorização pessoal, emocional e espiritual. Auxilia-me em tudo que porventura estiver negativado em meu sentido do amor.

Formosa Pombagira Menina do Amor, despertai minha alegria de viver, meu entusiasmo, a felicidade em meu coração, despertando em mim o verdadeiro sentido do Amor ao Criador e aos seres. Instigai minha autovalorização como ser gerado por Deus, favorecendo-me com novos e saudáveis interesses que aceleram meu crescimento e minha evolução em todos os sentidos da Vida.

Vos agradeço e saúdo vosso poder.
Salve o Mistério Pombagira Mirim!
Laroyê, Pombagira Menina do Amor!".
Dê três passos para trás, reverenciando, e retire-se.

Irmãos, vocês estarão diante de uma Divindade-Mistério assentada à esquerda da Divina Mãe Oxum; logo, essa oração é sugestiva, mas permitam-se expressar aquilo que esteja "ferindo" e necessitando.

2 – POMBAGIRA MENINA DO OURO

Irradiação: Mãe Oxum
Local: Nos pés da cachoeira

Elementos:
1 alquidar
1 pano de renda dourado ou vermelho com dourado
4 velas vermelhas aromatizadas e 3 velas douradas
1 cacho de uva rosada
Balas de goma coloridas
Champanhe rosê com mel
Cigarros aromatizados (canela ou cereja)
Perfume de fragrância suave
Minirrosas vermelhas ou rosas vermelhas
7 pedaços de canela em pau
mel
1 ímã
21 moedas douradas (R$ 0,10)
*Pode-se acrescentar: bijouterias, brinquedos femininos e enfeites em geral.

De joelhos: (manipulando todos os elementos com a mão esquerda)

Pano dourado na mão esquerda, eleve e diga: "Eu ofereço a vós, formosa Pombagira Menina do Ouro".

Sobre o pano, dentro do alquidar, arrume caprichosamente nesta ordem:

O ímã, as 21 moedas douradas, o cacho de uva, as balas, distribua as canelas em pau, regue tudo com mel.

Ao redor:

Acender as sete velas em círculos, intercalando vermelha e dourada, sete copinhos de champanhe com mel, acender os cigarros, as rosas e os enfeites, circulando tudo com perfume.

Com tudo devidamente pronto, eleve o pensamento e diga:

"Eu vos saúdo e reverencio humildemente, Mistério Pombagira Mirim, e peço-vos que receba esta minha oferenda como prova de minha fé em vosso poder.

Formosa Pombagira Menina do Ouro, clamo-vos vosso auxílio e proteção e solicito que, a partir deste momento, vosso Mistério esteja ativado e atuando positivamente em minha evolução. Envolvendo-me com vossas vibrações e irradiações minerais, fechando e anulando as fontes desfavoráveis e prejudiciais de minha prosperidade em todos os sentidos da vida, geradas a partir de minha ganância, de meu egoísmo, mesquinhez e interesses negativos usados contra meus semelhantes.

Pombagira Menina do Ouro, despertai em mim o verdadeiro valor para os bens divinos, desestagnando em mim tudo que esteja impedindo meu crescimento espiritual e material.

Despertai em mim o poder atrator e agregador de vossas riquezas, de vosso ouro, de vossa prosperidade verdadeira, para que a partir de agora eu atraia aquilo que for benéfico, lucrativo e vantajoso para mim e para todos ao meu redor.

Dai-me forças para vencer e progredir, favorecendo-me com novos e saudáveis interesses, que acelerem meu crescimento e minha evolução em todos os sentidos da vida.

Vos agradeço e saúdo vosso poder.
Salve o Mistério Pombagira Mirim!
Laroyê, Pombagira Menina do Ouro!".
Dê três passos para trás, reverencie e retire-se.

3 – POMBAGIRA MENINA DOS VENTOS

Irradiação: Mãe Iansã
Local: Campo aberto
Elementos:
1 alquidar
1 pano vermelho ou lenço colorido, alegre
7 velas vermelhas aromatizadas
Frutas: morango, cerejas ou uva rosada
Balas de gomas coloridas
Champanhe rosê com mel
Cigarros aromatizados (canela ou cereja)
Perfume de fragrância suave
Minirrosas vermelhas ou rosas vermelhas
Mel
1 cata-vento
1 leque
7 canelas em pau
7 varetas de incenso de rosas

De joelhos: (manipulando todos os elementos com a mão esquerda)

Pano ou lenço na mão esquerda, eleve e diga: "Eu ofereço a vós, Formosa Pombagira Menina dos Ventos".

Sobre o pano, dentro do alquidar, arrume caprichosamente nesta ordem:

O leque aberto, as frutas, as balas, canela em pau, regue tudo com mel, o cata-vento no meio.

Ao redor:

Acender as sete velas, os cigarros e os incensos, sete copinhos de champanhe com mel, as rosas, e circule tudo com perfume.

Com tudo devidamente pronto, eleve o pensamento e diga:

"Eu vos saúdo e reverencio humildemente, Mistério Pombagira Mirim, e peço-vos que receba esta minha oferenda como prova de minha fé em vosso poder.

Formosa Pombagira Menina dos Ventos, clamo-vos vosso auxílio e proteção e solicito que a partir deste momento, vosso Mistério esteja ativado e atuando positivamente em minha evolução, envolvendo-me com vossas vibrações e irradiações eólicas, resgatando no Tempo e no espaço todas as atuações negativas, sejam mentais ou elementais, que estejam vibrando contra mim temporal ou atemporalmente, provenientes de minhas atitudes precipitadas, irrefletidas e desequilibradas, nesta ou em outras encarnações, recolhendo em vosso Mistério seres desequilibrados emocionalmente, quiumbas ou espíritos sofredores que tenham sido atraídos por mim consciente ou inconscientemente.

Pombagira Menina dos Ventos, que vosso Mistério me envolva e me auxilie descarregando meu emocional, fortalecendo assim meu mental e meu espiritual. Que eu seja digna de vosso amparo, despertando em mim o verdadeiro sentido da Lei, da Fé e da devoção, a fim de que meus atos, atitudes e palavras sejam positivados e possam auxiliar a mim e aos que estiverem ao meu redor.

Dai-me forças para vencer e progredir, indicando-me novos caminhos e saudáveis interesses, que aceleram meu crescimento e minha evolução em todos os sentidos da vida.

Vos agradeço e saúdo vosso poder.
Salve o Mistério Pombagira Mirim!
Laroyê, Pombagira Menina dos Ventos!".
Dê três passos para trás, reverencie e retire-se.

4 – POMBAGIRA MENINA DAS ALMAS

Irradiação: Pai Obaluaiê
Local: Santo Cruzeiro do Cemitério
Elementos:
1 alquidar
1 pano vermelho com bordas de rendas brancas
7 velas vermelhas aromatizadas
Ameixas (3,5 ou 7)
Pipoca doce (caramelizada)
Balas de coco
Bombons de chocolate
Champanhe rosê com mel
Cigarros aromatizados (canela, cereja ou chocolate)
Perfume de fragrância suave
Minirrosas vermelhas ou rosas vermelhas
Mel
7 canelas em pau
1 brinquedo feminino

De joelhos: (manipulando todos os elementos com a mão esquerda)

Pano na mão esquerda, eleve e diga: "Eu ofereço a vós, Formosa Pombagira Menina das Almas".

Sobre o pano, dentro do alquidar, arrume caprichosamente nesta ordem:

A pipoca doce, as ameixas, as balas de coco, os bombons, a canela em pau, regue tudo com mel

Ao redor:

Acender as sete velas, os cigarros, sete copinhos de champanhe com mel, as rosas, circule tudo com perfume e o brinquedo

Com tudo devidamente pronto, eleve o pensamento e diga:

"Eu vos saúdo e reverencio humildemente, Mistério Pombagira Mirim, e peço-vos que receba esta minha oferenda como prova de minha fé em vosso poder."

Formosa Pombagira Menina das Almas, clamo-vos vosso auxílio e proteção e solicito que a partir deste momento vosso Mistério esteja ativado e atuando positivamente em meu benefício, envolvendo-me com vossas vibrações e irradiações evolucionistas, recolhendo em vosso Mistério todos os espíritos sofredores, eguns, espíritos obsessores, mistificadores, negativos e desequilibrados emocionalmente, que estiverem em meu campo espiritual, envolvendo e conduzindo cada um aos seus lugares de merecimento na Criação, finalizando assim todo um processo negativo e involutivo para todos nós.

Formosa Pombagira Meninas das Almas, despertai em mim o poder de vosso Mistério para que, a partir de agora, eu consiga evoluir da maneira que fora destinado por Deus, abrindo novas passagens e oportunidades para meu crescimento e amadurecimento consciencial, estabilizando meu emocional para que eu me conduza com harmonia e auxilie de forma efetiva e equilibrada todos que estão ligados a mim.

Dai-me forças para vencer e progredir com consciência, favorecendo-me com interesses racionais e positivos, que aceleram meu crescimento e minha Evolução em todos os sentidos da vida.

Vos agradeço e saúdo vosso poder.
Salve o Mistério Pombagira Mirim!
Laroyê, Pombagira Menina das Almas!".
Dê três passos para trás, reverencie e retire-se.

5 – POMBAGIRA MENINA DOS CAMINHOS

Irradiação: Pai Ogum
Local: Estrada ou encruzilhadas

Elementos:

1 alquidar
1 pano vermelho ou lenço colorido, alegre
7 velas vermelhas aromatizadas
Farinha de mandioca (para o apadê com mel)
1 cacho de uva rosada ou ameixas
7 pimentas-biquinho vermelhas (teor apimentado menor)
Balas de confete
Champanhe rosê com mel
Cigarros aromatizados (canela ou cereja)
Perfume de fragrância suave
7 moedas
Minirrosas vermelhas ou rosas vermelhas
Mel
*Pode-se acrescentar: Bijouterias, brinquedos femininos ou enfeites em geral.

De joelhos: (manipulando todos os elementos com a mão esquerda)

Pano ou lenço na mão esquerda, eleve e diga: "Eu ofereço a vós, Formosa Pombagira Menina dos Caminhos".

Sobre o pano, dentro do alquidar, arrume caprichosamente nesta ordem:

O apadê (mistura da farinha de mandioca com mel) sobre ele:

As sete moedas e as sete pimentas intercaladas, fruta no meio e enfeitar tudo com as balas de confete. Regar com mel.

Ao redor:

Acender as sete velas, os cigarros, sete copinhos de champanhe com mel, as rosas e circule tudo com perfume.

Com tudo devidamente pronto, eleve o pensamento e diga:

"Eu vos saúdo e reverencio humildemente, Mistério Pombagira Mirim, e peço-vos que receba esta minha oferenda como prova da minha fé em vosso poder.

Formosa Pombagira Menina dos Caminhos, clamo-vos vosso auxílio e proteção e solicito que a partir deste momento seu Mistério esteja ativado e atuando positivamente em minha evolução, envolvendo-me com vossas vibrações e irradiações da Lei Maior, recolhendo trabalhos e forças negativas que estejam bloqueando meus caminhos em todos os sentidos da vida ou que estejam desviando o caminho para meu crescimento e evolução determinados por Deus.

Pombagira Menina dos Caminhos, que em vosso Mistério meu emocional seja descarregado e equilibrado, fortalecendo meu mental e meu espiritual, para que eu consiga com dignidade e caráter combater todos os infortúnios e as ilusões dos atalhos que conduzem ao precipício de mim mesmo. Peço a vós, Menina, que me ajude a domar emoções e sentimentos que impedem minha vitória diante do Criador.

Pombagira Menina, que eu seja digno de receber vosso auxílio diante das batalhas da vida, favorecendo-me com discernimento para sempre tomar atitudes e decisões certas, e com harmonia beneficiar a todos que estão ligados a mim.

Dai-me forças para vencer e progredir, abrindo meus caminhos e me indicando novos e saudáveis interesses, que aceleram meu crescimento e minha Evolução em todos os sentidos da vida.

Vos agradeço e saúdo vosso Poder.
Salve o Mistério Pombagira Mirim!
Laroyê, Pombagira Menina dos Caminhos!".
Dê três passos para trás, reverencie e retire-se.

6 - POMBAGIRA MENINA DAS MATAS

Irradiação: Pai Oxóssi
Local: Nas matas ou no pé de uma árvore
(Obs.: Não utilizar velas)

Elementos:

1 alquidar
Folha de mamona
7 cabeças de cebola
Cravos-da-índia (em quantidade)
7 pimentas-biquinho vermelhas (teor apimentado menor)
7 bombons
Licor de menta com mel
Perfume de fragrância suave
7 pedaços de fita de cetim verde (50 centímetros cada)
Minirrosas vermelhas ou rosas vermelhas
Mel
1 brinquedo feminino, boneca

De joelhos: (manipulando todos os elementos com a mão esquerda)

Folha de mamona na mão esquerda: "Eu ofereço a vós, Formosa Pombagira Menina das Matas".

Sobre a mamona, dentro do alquidar, arrume caprichosamente, nesta ordem:

As cebolas, espetando cravos-da-índia na parte superior delas, distribua as pimentas, os bombons e enfeite com as fitas. Regue tudo com muito mel.

Ao redor:
O brinquedo feminino, sete copinhos de licor de menta com mel, as rosas, e circule tudo com perfume e mais mel.

Com tudo devidamente pronto, eleve o pensamento e diga:

"Eu vos saúdo e reverencio humildemente, Mistério Pombagira Mirim, e peço-vos que receba esta minha oferenda como prova de minha fé em vosso poder.

Formosa Pombagira Menina das Matas, clamo-vos vosso auxílio e proteção e solicito que a partir deste momento vosso Mistério esteja ativado e atuando positivamente em minha evolução, envolvendo-me com suas vibrações e irradiações vegetais, recolhendo todos os espíritos sofredores, enfermos, deletérios, eguns, e anule todas as energias e vibrações negativas, miasmas, fluido mórbido, que estejam enfraquecendo e desequilibrando meu emocional e órgãos vitais, conduzindo tudo e todos aos seus lugares de merecimento na Criação.

Pombagira Menina das Matas, peço-vos que cure e feche todas as minhas feridas emocionais, geradas a partir do meu íntimo desequilibrado por sentimentos e emoções negativas. Fortaleça meu mental, meu emocional, equilibrando-me com minha essência divina para que eu seja um instrumento saudável, alegre e irradiante de energias positivas, regeneradoras e luminosas na vida de meus semelhantes.

Neutralizai todas as atuações, trabalhos negativos espirituais e mentais que estejam estagnando meu desenvolvimento em todos os sentidos da vida e a conscientização dos verdadeiros conhecimentos divinos. Despertai em mim a percepção, a generosidade e o desprendimento.

Dai-me forças para vencer e progredir, favorecendo-me com fartura, abundância e prosperidade, instigando-me a novos e positivos interesses que aceleram meu crescimento e minha Evolução em todos os sentidos da vida.

Vos agradeço e saúdo vosso poder.

Salve o Mistério Pombagira Mirim!

Laroyê, Pombagira Menina das Matas!".

Dê três passos para trás, reverencie e retire-se.

7 – POMBAGIRA MENINA DO FOGO

Irradiação: Pai Xangô
Local: Pedreira

Elementos:
1 alquidar
1 pano vermelho ou lenço colorido, alegre
7 velas vermelhas aromatizadas
Frutas: cereja ou morango
Pimentas-biquinho vermelhas (teor apimentado menor)
Balas de canela
Champanhe rosê com mel
Cigarros aromatizados (canela ou cereja)
Perfume de fragrância suave
Minirrosas vermelhas ou rosas vermelhas
Mel
Brinquedo feminino
*Pode-se acrescentar: Bijouterias ou enfeites em geral.

De joelhos: (manipulando todos elementos com a mão esquerda)

Pano ou lenço na mão esquerda, eleve e diga: "Eu ofereço a vós, Formosa Pombagira Menina dos Fogo".

Sobre o pano, dentro do alquidar, arrume caprichosamente, nesta ordem:

Pimenta-biquinho, as frutas, balas de canela, distribua as canelas em pau, regue tudo com muito mel.

Ao redor:
Acender as sete velas, os cigarros, sete copinhos de champanhe com mel, as rosas, e circule tudo com perfume.

Com tudo devidamente pronto, eleve o pensamento e diga:

"Eu vos saúdo e reverencio humildemente, Mistério Pombagira Mirim, e peço-vos que receba esta minha oferenda como prova de minha fé em vosso poder.

Formosa Pombagira Menina do Fogo, clamo-vos vosso auxílio e proteção e solicito que a partir deste momento vosso Mistério esteja ativado e atuando positivamente em minha evolução, envolvendo-me com vossas vibrações e irradiações ígneas, purificando toda atuação de magias e vibrações mentais negativas que estão ativadas contra mim e todos os seres desencarnados e encarnados que estejam ligados a isso, encerrando assim ações negativas cármicas ou movidos por qualquer tipo de sentimentos desequilibrados de desordens emocionais e irracionais que atrasam nossas evoluções e impedem nossa harmonia relacional ou de convivência equilibrada na Criação.

Fortaleça meu mental e meu campo espiritual, instigando-me a agir racionalmente e com discernimento, despertando em meu íntimo o senso de equilíbrio e equidade, conscientizando-me dos reais valores da vida, possibilitando assim ser um íntegro filho de Deus para amparar e fortalecer aqueles que estão ligados a mim.

Formosa Pombagira Menina do Fogo, que eu seja digno do amparo de vosso Mistério, despertai em meu ser vivacidade, entusiasmo e coragem, para me conduzir com justiça na senda evolucionista destinada a mim por nosso Divino Criador Olorum.

Dai-me forças para vencer e progredir, favorecendo-me com novos e saudáveis interesses, que aceleram meu crescimento e minha Evolução em todos os sentidos da vida.

Vos agradeço e saúdo vosso poder.

Salve o Mistério Pombagira Mirim!

Laroyê, Pombagira Menina do Fogo!".

Dê três passos para trás, reverencie e retire-se.

8 – POMBAGIRA MENINA DO MAR

Irradiação: Mãe Iemanjá
Local: à beira-mar
(Obs.: não utilizar velas)

Elementos:

1 alquidar
3, 5 ou 7 maçãs vermelhas
1 champanhe rosê
1 perfume suave
Balas de gomas
Mel
Pétalas de minirrosas ou rosas vermelhas

Procedimento:

Corte a tampa e depois retirar o miolo das maçãs.

Arrume-as caprichosamente dentro do alquidar.

Despeje mel dentro das maçãs.

Dentro do alquidar, despeje uma quantidade da champhe (o suficiente para cobrir as maçãs).

Decore com as balas de gomas.

De joelhos, pegue o alquidar na palma da mão esquerda e diga: "Ofereço a vós, Formosa Pombagira Menina do Mar".

Coloque o alquidar sobre a areia (parte rasa, entre a areia e a água).

Circule o alquidar com as pétalas das rosas vermelhas.

Despeje circulando o alquidar, com o conteúdo do perfume (líquido) e com o mel, sendo sete círculos anti-horários e sete no sentido horário.

Despeje também o restante da champanhe, caso sobre.

Obs.: A garrafa e a embalagem do perfume devem ser descartadas (lixo), não deixar na natureza.

Com tudo devidamente pronto, eleve o pensamento e diga:

"Eu vos saúdo e reverencio humildemente, Mistério Pombagira Mirim, e peço-vos que receba esta minha oferenda como prova de minha fé em vosso poder.

Formosa Pombagira Menina do Mar, clamo-vos vosso auxílio e proteção e solicito que a partir deste momento seu Mistério esteja ativado e atuando positivamente em minha evolução, envolvendo-me com vossas vibrações e irradiações marinhas, purificando-me completamente de todas as energias, vibrações negativas e emocionais, bem como seus agentes espirituais desequilibrados e negativados que estejam ligados a mim por afinidade energética, espiritual e emocional ou por algum resgate cármico, gerados a partir de nossas atitudes e sentimentos negativos, recolhendo e encaminhando tudo e todos, conforme o merecimento de cada um. Peço-vos, Pombagira Menina do Mar, que vossos Mistérios estejam ativados para que tudo e todos ligados a mim se beneficiem, desparalisando nossas evoluções em todos os sentidos da vida, despertando em cada um de nós princípios preservadores da vida, que geraram em nossos íntimos sentimentos luminosos e virtuosos, instigando-nos a vivermos em paz e harmonia.

Formosa Pombagira Menina do Mar, fortaleça-me em todos os sentidos e favoreça-me com oportunidades que geraram benefícios em minha vida e de todos ao meu redor.

Dai-me forças para vencer e progredir, gerando em mim novos e saudáveis interesses que aceleram meu crescimento e minha evolução em todos os sentidos.
Vos agradeço e saúdo vosso poder.
Salve o Mistério Pombagira Mirim!
Laroyê, Pombagira Menina do Mar!".
Dê três passos para trás, reverencie e retire-se.

9 – POMBAGIRA MENINA DO CEMITÉRIO

Irradiação: Pai Omolu
Local: Cemitério

Elementos:

1 alquidar
7 velas vermelhas aromatizadas
1 quantidade de palha da costa (suficiente para cobrir o fundo do alquidar)
Champanhe com mel
7 cigarros aromatizados (chocolate)
1 perfume suave
7 bolinhos de carne moída (cru)
7 pimentas-biquinho
7 bombons de chocolate
2 pedaços de fitas de cetim roxa (50 centímetros cada)
Minirrosas ou rosas vermelhas
1 quantidade de pipoca (para criar uma base para o alquidar = tolha)
1 brinquedo feminino
De joelhos: (manipulando todos os elementos com a mão esquerda)

Procedimento:

Pipoca na mão esquerda, eleve e diga: "Eu ofereço a vós, Formosa Pombagira Menina do Cemitério".

Arrume caprichosamente a pipoca no chão (modo tolha).

Coloque o alquidar sobre as pipocas e dentro dele os elementos, nesta ordem:

A palha da costa, os sete bolinhos de carne moída, sete pimentas em cada bolinho, sete bombons distribuídos entre os bolinhos, as fitas roxas em forma de cruz sobre o alquidar. Regue tudo com muito mel.

Ao redor:

Acender as sete velas, os cigarros, sete copinhos de champanhe com mel, as rosas, o brinquedo, e circule tudo com perfume e mais mel.

Com tudo devidamente pronto, eleve o pensamento e diga:

"Eu vos saúdo e reverencio humildemente, Mistério Pombagira Mirim, e peço-lhe que receba esta minha oferenda como prova de minha fé em vosso poder.

Formosa Pombagira Menina do Cemitério, clamo-vos vosso auxílio e proteção e solicito que a partir deste momento vosso Mistério esteja ativado e atuando positivamente em minha evolução, envolvendo-me com vossas vibrações e irradiações telúricas, recolhendo todas as atuações, vibrações, energias negativas e todos os espíritos caídos, obsessores, seres e criaturas negativadas e seus comandantes trevosos que estejam ligados a essas ativações, magias negras ou ativações mentais. Peço-vos também que sejam recolhidas em vosso domínio na Criação todas as forças negativas e magos negros que sustentam sacerdotes ou religiosos em geral encarnados que estejam agindo em nome de Deus e dos Mistérios Sagrados de forma profana, negativa, desvirtuada e interesseira, retirando-lhes as forças espirituais que os sustentam nocivamente na religiosidade que conduzem os seres. Que a Lei que rege vosso Mistério seja ativada em meu benefício e se cumpra através de mim, de acordo com o merecimento de todos os envolvidos.

Formosa Pombagira Menina do Cemitério, que vosso Mistério me envolva descarregando meu emocional, auxiliando-me a superar vivências negativas, seja desta vida ou de outras encarnações, que estejam ressonando em meu inconsciente em forma de culpa ou em desequilíbrios emocionais, despertando em mim a resignação por meus próprios atos negativos, instigando-me a me conscientizar que sou um ser gerado por Nosso Divino Criador Olorum e a viver minha vida dada por Ele, de forma equilibrada e harmoniosa comigo mesmo e com todos ligados a mim.

Dai-me forças para vencer e progredir, possibilitando-me novos e saudáveis interesses que aceleram meu crescimento e minha Evolução em todos os sentidos.

Vos agradeço e saúdo vosso poder.
Salve o Mistério Pombagira Mirim!
Laroyê, Pombagira Menina do Cemitério!".
Dê três passos para trás, reverencie e retire-se.

10 – POMBAGIRA MENINA DAS ÁGUAS

Irradiação: Mãe Oxum
Local: Nas águas da cachoeira

Elementos:

Champanhe rosê
Mel
Perfume suave
7 balas de mel (sem a embalagem)
Pétalas de rosas vermelhas

Entre nas águas ou à beira da cachoeira, peça licença e saúde aos senhores Guardiões(ãs) e os Orixás Regentes das Águas, conforme sugerimos nos "procedimentos básicos".

Retire um pouco de conteúdo da champanhe da garrafa e acrescente mel a ele.

De joelhos (na água):

Garrafa de champanhe com mel na mão esquerda, eleve o pensamento e diga: "Eu ofereço a vós, Formosa Pombagira Menina das Águas".

Despeje todo o conteúdo da champagne com mel nas águas (em círculos no sentido anti-horário e horário).

Em seguida despeje o conteúdo do perfume, as balas de mel e as pétalas de rosas vermelhas sobre a água.

Com tudo devidamente feito, eleve o pensamento e diga:
"Eu vos saúdo e reverencio humildemente, Mistério Pombagira Mirim, e peço-lhe que receba esta minha oferenda como prova de minha fé em vosso Poder.

Formosa Pombagira Menina das Águas, clamo-vos vosso auxílio e proteção e solicito que a partir deste momento seu Mistério esteja ativado e atuando positivamente em minha evolução, envolvendo-me com vossas vibrações e irradiações aquáticas, purificando e recolhendo todas as vibrações, energias, elementos negativos e seres emocionalmente desequilibrados, que estejam atuando contra meu equilíbrio mental e emocional, contra minhas forças espirituais, contra meu crescimento e daqueles que estejam ligados a mim em todos os sentidos da vida.

Formosa Pombagira Menina das Águas, envolvei--me em vosso Mistério, descarregando e fortalecendo meu emocional, meus campos energéticos e espirituais, auxiliando-me a modificar e renovar meus sentimentos íntimos para que assim me torne digno e reflita minha imagem à semelhança de nosso Divino Criador Olorum. Despertai em mim a suavidade de me conduzir em meus caminhos com segurança e discernimento, instigando meus sentidos para tomar decisões certas e equilibradas.

Formosa Pombagira Menina, que vossas águas límpidas fluam a partir de mim, rejuvenescendo todo o meu ser, abrindo caminhos e concedendo-me benefícios, devolvendo-me a paz, a harmonia, a prosperidade e a fartura, criando em torno de mim um campo aquático protetor e propiciador de acontecimentos positivos e um campo repelidor de ações negativas.

Dai-me forças para vencer e progredir, favorecendo-me com novos e saudáveis interesses que aceleram meu crescimento e minha Evolução em todos os sentidos da vida.

Pegue o mel, e em círculos despeje-o sobre a água, sete círculos no sentido anti-horário e sete no horário.

Vos agradeço e saúdo vosso poder.
Salve o Mistério Pombagira Mirim!
Laroyê, Pombagira Menina das Águas!".
Dê três passos para trás, reverencie e retire-se.

Obs.: Essa oferenda também pode ser utilizada para:
  * Pombagira Menina das Águas do Mar (Mãe Iemanjá)
  * Pombagira Menina das Águas dos Lagos (Mãe Nanã)

NOTA: O mel é essencial e fundamental nas oferendas para as Pombagiras Meninas, pois, ao ativá-lo no plano etérico (espiritual), elas abrem um portal energético vegetal onde repassam para o Mistério dos Encantados na Criação os princípios mágicos dos elementos oferendados, energizam-se e manipulam essas energias que, através desse portal, retornam seu teor energético para o plano humano, criando assim o elo da dimensão encantada para nós.

Conclusão

O que aprendo todos os dias com os Guias Espirituais que me acompanham é: "Mediunidade tem função regenerativa, não privilegia ninguém". E ao descrever, estudar e refletir sobre as funções do Mistério Pombagira Mirim conforme os mensageiros informavam, pude perceber o quanto tenho de me "regenerar" diante dos infinitos Mistérios de Deus.

Abençoada é a oportunidade que Deus concede, ao confiar a nós os Seus Mistérios e manifestá-los através de nós em forma de "dons", para reconhecermos a grandeza da vida que se estende por toda a Criação. E ao nos conscientizarmos disso, teremos cuidado para não agredirmos a nenhuma de Suas manifestações e aprendemos com isso, que o Amor Divino não é apenas um sentimento de Deus, mas sim uma Lei em vigor que não pode ser alterada.

Uma concepção religiosa fundamentada em Leis que regem os princípios divinos pode mudar toda a nossa "visão" sobre o que é interesse próprio...

Que o Divino Pai Oxalá abençoe a todos!
Sacerdotisa Cris Egidio

* * *

"AQUELE QUE NÃO RESPEITA UM DOS INFINITOS MISTÉRIOS DE DEUS, NÃO É DIGNO DE NENHUM OUTRO."
Mestre Seiman Hamisser Yê

Tabela Parcial dos Fatores, Verbos e Funções do Mistério Pombagira Mirim

FATOR – AÇÃO

Acariciador – Afago, carinho, meiguice, que acaricia, tratar de maneira delicada

Adoçador – Tornar doce; pôr açúcar; tornar suportável; tirar a aspereza, o azedo, o amargo

Adornardor – Enfeitar, o que pode ser utilizado para enfeite, dar boa aparência

Ardilosador – Pessoa ardilosa, sagaz, astuto, que se utiliza de manha para conseguir o que pretende, enganador

Adulterador – Que adultera, falsifica, altera com o fim de iludir, fraudar, enganar

Afrontador – Fazer afronta a, atacar de frente com audácia, desafiar, enfrentar com insolência

Agraciador – Que ou aquele que agracia, que conseguiu ou alcançou graça, condecorado; com graça de maneira cativante, atraente, que está com muita sorte

Alegrador – Que alegra, sensação de bem-estar, de satisfação, euforia

Alvoroçador – Que se comporta de modo apressado, que age com precipitação, que se rebelou, que apresenta revolta. Promove desordem

Amaldiçoador – Aquele que amaldiçoa. Palavras com que uma pessoa deseja que advém males a outra. Praga, fatalidade, blasfemar, maldizer, condenar

Animador – Que ou aquele que anima, encoraja, ação de animar, vivacidade, alegria, entusiasmo

Ansiedador – Aflição, angústia, tormento de espírito, causado sobretudo por sentimento de expectativa e incerteza

Antipatiador – Não gostar nada de algo ou alguém. Sentimento de repugnância diante de...

Aproveitador – Que se aproveita de outros para tirar alguma vantagem

Arrojador – Lançar-se de lugar elevado, atirar-se, arremessar-se

Assustador – Capaz de assustar, que causa medo, ameaça assustadora

Atalhador – Caminho fora da estrada principal, pelo qual se encurtam distâncias

Aterrorizador – Que provoca terror, que causa pavor, aterrorizar, aterrorizador

Atrevimentador – Ação ou efeito de atrever. Modo de se comportar de quem é atrevido. Ação corajosa, ousadia, audácia. Comportamento de quem demonstra excesso de confiança

Avarezador – Apego demasiado e sórdido por bens materiais e ao dinheiro. Desejo ardente de acumular riqueza para si

Bajulador – Lisonja interesseira, ação ou efeito de adular, elogio em excesso

Camuflador – Disfarçar qualquer coisa de maneira a torná-la despercebida ou irreconhecível

Caprichador – Ter capricho, executar com minúcias, esmero. Ser caprichosa, vontade súbita que sobrevém sem razão alguma, insconstância, extravagância

Cativador – Que encanta; em que há simpatia, capaz de inspirar

Chantageador – Realizar chantagem. Uso de ameaça para obter algo ou alguma coisa; extorquir, vigarizar (vigarista)

Cismador – Que causa cisma. Refletir sobre alguma coisa de maneira insistente. Levantar suposição sobre, suspeitar, desconfiar.

Cobiçador – Obstinação intensa para conseguir algo, desejo desmedido por algo ou alguém

Compulsivador – Exigência interna que faz com que o indivíduo seja levado a realizar certa coisa, a agir de determinada forma

Consensador – Pensamento comum, consentimento, acordo entre pessoas visando a interesses em comum, conformidade de opiniões

Contagiador – Algo que contagia, anima, espalha. Que exerce influência sobre algo ou alguém, alegria contagiante

Contrariador – Que ou aquele que contraria

Dançador – Mover o corpo em cadência, que baila em gestos ritmados. Meter alguém na dança, envolvê-la em uma questão em que não tomava ou não queria tomar parte.

Depreciador – Diminuir o valor de; desvalorizar, desdenhar

Desafortunador – Infeliz, desventurado, atingido pela má sorte

Desaparecedor – Deixar de ser visto, sumir, falta de algo ou alguém, desaparição, deixar de manifestar-se

Desacertador – Erro, falha, equívoco

Desapegador – Desprendimento, que não demonstra interesse, indiferença, negligência

Desatinador – Perder ou fazer perder o juízo, algo que seja absurdo, que leva à loucura, feito no ímpeto, na impulsividade

Desdenhador – Demonstrar falta de consideração por algo ou alguém, tratar com falta de amor e desprezo, apresentar desdém

Desembestador – Descontrolar, endoidar

Desencalhar – Tirar de situação difícil

Desesperançador – Que deixou de ter esperança, sem estímulo, desenganado, desiludido

Desestabilizador – Fazer perder a estabilidade, tornar instável, alterável

Desestagnador – Fazer com que (algo ou alguém) saia do estado de estagnação, inércia

Desestimador – Que desestima, desgosta. Causa baixa-autoestima, falta de amor-próprio

Desfavorecedor – Desajudar, que se opõe, adverso, que prejudica

Desinteressador – Perder o interesse em; não se importar, não ter empenho; indiferença

Deslumbrador – Que deslumbra; ofusca ou turva a vista pela ação de muita luz; causar assombro em; perturbar o entendimento de; fascinar

Desmascarador – Ato de tirar a máscara, de revelar disfarce, mostrar a verdade

Desmoralizador – Tornar imoral. Que ou aquele que perdeu a força moral, vexaminoso, desacreditado, pervertido, corrupto

Despencador – Despencar; cair desastradamente de grande altura

Despertador – Que ou aquilo que desperta. Acordar, tirar o sono, provocar. Fazer sair do estado de desânimo ou inércia. Ação de se manifestar

Despreocupador – Que não se preocupa, que não se importa, tranquilo

Desprezador – Que despreza; sentir ou manifestar desprezo por algo ou alguém, indiferença

Destraçador – Fazer que deixe de ser traçado, descruzar

Destrinçador – Expor minuciosamente, apurar; que ou aquele que destrinça

Desvantajador – Que oferece desvantagem, prejudicial, inconveniente, desfavorável

Devaneador – Que ou aquele que devaneia, sonhador, fantasista. Pessoa que alimenta seu espírito de quimeras, fantasias, sonhos. Distraído, desligado

Diminuidor – Que diminui ou reduz a menores proporções. Que encurta, subtrai, atenua, mingua

Discernidor – Que consegue discernir, perceber facilmente, diferenciar, reconhecer

Dissimulador – Ação de dissimular. Dispor-se de uma maneira que não se pode perceber. Esconder os reais interesses. Disfarçar

Distraidor – Distrair; tornar desatento; chamar a atenção de alguém para outro ponto ou objeto. Divertir, recrear, entreter outro

Emaranhador – Envolver-se em embaraços, misturando desordenadamente, confudir, tornar obscuro, difícil de compreender

Embriagador – Estado de embriaguez, inebriar-se

Encurralador – Encurralar, pôr sem saída, encostar na parece. Cercado, rodeado

Empatiador – Capacidade de compreender o sentimento ou reação de outra pessoa imaginando-se nas mesmas circunstâncias

Empenhador – Ação de empenhar, de esforço, interesse

Empolgador – Que causa empolgação, que anima, empolga

Empurrador – Impelir com violência. Mover com força física

Enfeitador – Pôr enfeites em, dar boa aparência, dissimular os defeitos, adornos, adereço (colar, brinco, pulseiras)

Entusiasmador – Grande interesse, uma dedicação ardente, intenso prazer, paixão, um arrebatamento, uma explosão de alegria, excitação exagerada, de maneira exagerada

Entulhador – Encher de entulho, entupir, acumular, amontoar

Espinhador – Picar, ferir com espinhos

Esnobador – Ter comportamentos ou agir como esnobe, manifestar desprezo, recusar alguma coisa que lhe foi proposta

Expulsador – Repelir ou fazer sair à força alguém ou alguma coisa, exilar, eliminar

Favorecedor – Beneficiar, oferecer condições propícias, dotar de boas qualidades

Fragmentador – Reduzir a fragmentos, dividir em pequenas partes, fracionar, partir

Fuxicador – Fazer fuxicos, mexericar, intrigar. Contar um segredo com o fim de malquistar alguém ou promover inimizade

Frustrador – Que não sucedeu como esperava, que falhou, decepção

Gananciador – Sentimento que se caracteriza pela vontade de possuir tudo o que existe somente para si, seja por ganhos lícitos ou ilícitos. É um egoísmo excessivo direcionado principalmente a riquezas materiais

Hesitador – Permanecer em estado irresoluto, não ter certeza, expressar dúvida em relação a alguma coisa, demonstrar insegurança, expressar de modo confuso, gaguejar

Importunador – Incomodar persistentemente; causar incômodo; ocasionar um desconforto.

Impulsador – Ação de impelir, ímpeto, necessidade imperiosa, muitas vezes irresistível, que leva à prática de atos irrefletidos

Imprudenciador – Ausência de cautela, de cuidado

Indicador – Que indica, que dá a conhecer, ação de se expressar (falar/escrever) através de gestos, sinais e/ou símbolos. Ação e efeito de sugerir. Escolha feita entre várias opções

Inconsertador – Que não se pode consertar

Induzidor – Ação de persuadir uma pessoa ou algo, no intuito de fazer com que faça alguma coisa, interferir na vontade alheia

Inesperador – Que não se pode esperar, que ocasiona surpresa; súbito, imprevisto

Inquietador – Tirar a tranquilidade de; tornar-se desassossegado; fazer ficar agitado

Insinuador – Que, ou o que insinua; interesse em seduzir

Insolentedor – Que se comporta de modo desrespeitoso; que se opõe a regras, que desrespeita o direito de outrem

Instigador – Que provoca excitação, que desperta, provoca, que aguça a criatividade

Interessador – O que é vantajoso, que desperta a atenção de; excitar a curiosidade, vantagem, benefício, defender seus interesses, útil, relevante

Interrogador – Que ou quem interroga, olhar interrogador, pessoa curiosa

Intrigador – Ação de ou efeito de intrigar, relato feito com interesse de espalhar inverdades, fofoca, desavença, incredibilidade

Intrometidor – Que ou que se mete no que não lhe pertence ou diz respeito

Irrefletidor – Que age ou se comporta sem reflexão, impensado, imponderado impulsivavamente

Lucrador – Ganhar, interessar, ter lucro

Ludibriador – Fazer acreditar em algo que não é verdadeiro. Enganar ou iludir. Usar de dissimulação

Maliciador – Tomar em mau sentido, maldizer, maldar

Manipulador – Que manipula pessoas para agirem de acordo com interesses pessoais, forjar

Maravilhador – Aquilo que é capaz de despertar grande admiração; coisas excelentes, veneração, fascínio

Melancoliador – Estado de tristeza profunda e persistente. Desinteresse, abatimento

Menosprezador – Reduzir o valor de algo, de alguém ou de si mesmo; fazer pouco de; desvalorizar ou desvalorizar-se

Mimador – Tratar com carinho excessivo, satisfazendo todos os caprichos e vontades, cuidar com mimo, mimado

Molestador – Atacar, afetar, incomodar

Negligenciador – Que expressa falta de cuidado, desatenção, falta de aplicação ao realizar determinada tarefa. Agir com irresponsabilidade ao assumir um compromisso.

Obcecador – Característica de quem se concentra sempre na mesma coisa, que persiste em um erro. Intransigente, obstinado, teimosia

Oportunismador – Ato de se aproveitar das circunstâncias para tirar vantagens em benefício de seus interesses.

Ostentador – Exibir-se com ostentação. Tornar público e/ou evidente. Expor (alguma coisa ou alguém) demonstrando certa presunção intencional. Vangloriar-se. Envaidecer-se de seus próprios feitos

Persuasivador – Que tem o poder de convencer

Precipitador – Que age de maneira impulsiva, atirar-se) de cima para baixo, de lugar elevado; lançar-se

Preconceituador – Adotar opinião induzida por preconceito ou sem o conhecimento adequado do assunto, pessoa preconceituosa, intolerante

Presenteador – Que ou o que presenteia. Dar presente a, brindar, ofertar, doar, dar, ceder, oferecer, proporcionar

Prejudicador – Que prejudica, ocasionar prejuízos, danos

Pretensiador – Ato ou efeito de pretender. Aspiração infundada a honra, a consideração. Excessiva confiança em si mesmo, exigência. Suposto direito a algo

Pulador – Dar pulos, saltar, pulsar com veemência, crescer, melhorar, desenvolver-se rapidamente, galgar, transpor

Recompensador – Dar recompensa a; premiar, retribuir

Recuador – Acovardar-se, andar para trás, desistir de um propósito, fugir a compromisso, desistir

Relacionador – Que relaciona; relacional. Fazer ou dar relação de. Narrar. Estabelecer relação ou analogia entre coisas diferentes

Repugnanciador – Repulsa, nojo, asco, aversão

Retratador – Que retira as expressões ofensivas, que faz novo trato, que se retrata ou desdiz

Rotulador – É fazer com que uma pessoa e todos os seus sentimentos, ações e qualidades sejam definidos por apenas uma característica. Julgar

Saboreador – Degustar lentamente, com prazer; deliciar-se, comprazer-se

Sabotador – Danificar propositadamente; boicotar; ação ou efeito de prejudicar, impedir o funcionamento

Simpatizador – Tendência instintiva que atrai uma pessoa para outra; inclinação recíproca entre pessoas; afinidade

Subordinador – O que subordina, por sob a dependência de, estabelecer subordinação, sujeitar, fazer depender de, submeter, subjugar, controlar

Suavizador – Que suaviza, atenua, tornar mais suave, aliviar, abrandar

Travessurador – Ação de pessoa travessa, traquinagens, desenvoltura, inquieta

Transtornador – Que transtorna, que perturba. Cuja ordem foi modificada, que está desorganizado. Aspecto desfigurado, confuso ou perturbado

Traumatizador – Impacto emocional que pode causar distúrbios psíquicos, dor ou sofrimento de teor moral. Contusão resultante de uma lesão violenta

Tropeçador – Pisar em falso, dar com o pé involuntariamente em algum obstáculo. Esbarrar. Encontrar algum obstáculo inesperado

Vantajador – Ter vantagens sobre; benefício, proveito, ganho

Verificador – Examinar, analisar o teor da verdade em algo, averiguar a veracidade das coisas, ter confirmação se suas ideias confirmam as teorias.

MADRAS® Editora

CADASTRO/MALA DIRETA

Envie este cadastro preenchido e passará a receber informações dos nossos lançamentos, nas áreas que determinar.

Nome _____
RG _____ CPF _____
Endereço Residencial _____
Bairro _____ Cidade _____ Estado _____
CEP _____ Fone _____
E-mail _____
Sexo ❑ Fem. ❑ Masc.   Nascimento _____
Profissão _____ Escolaridade (Nível/Curso) _____

Você compra livros:
❑ livrarias   ❑ feiras   ❑ telefone   ❑ Sedex livro (reembolso postal mais rápido)
❑ outros: _____

Quais os tipos de literatura que você lê:
❑ Jurídicos   ❑ Pedagogia   ❑ Business   ❑ Romances/espíritas
❑ Esoterismo   ❑ Psicologia   ❑ Saúde   ❑ Espíritas/doutrinas
❑ Bruxaria   ❑ Autoajuda   ❑ Maçonaria   ❑ Outros:

Qual a sua opinião a respeito desta obra? _____
_____

Indique amigos que gostariam de receber MALA DIRETA:
Nome _____
Endereço Residencial _____
Bairro _____ Cidade _____ CEP _____

Nome do livro adquirido: *Mistério Pombagira Mirim*

Para receber catálogos, lista de preços e outras informações, escreva para:

MADRAS EDITORA LTDA.
Rua Paulo Gonçalves, 88 – Santana – 02403-020 – São Paulo/SP
Caixa Postal 12183 – CEP 02013-970 – SP
Tel.: (11) 2281-5555 – Fax.:(11) 2959-3090
www.madras.com.br

MADRAS Editora

Para mais informações sobre a Madras Editora, sua história no mercado editorial e seu catálogo de títulos publicados:

Entre e cadastre-se no site:

www.madras.com.br

Para mensagens, parcerias, sugestões e dúvidas, mande-nos um e-mail:

marketing@madras.com.br

SAIBA MAIS

Saiba mais sobre nossos lançamentos, autores e eventos seguindo-nos no facebook e twitter:

@madrased

/madraseditora